关注学生
公共安全教育系列丛书

# 学生自然灾害防范安全

## 教育知识读本

戴志强　编著

云南大学出版社

**图书在版编目（CIP）数据**

学生自然灾害防范安全教育知识读本 / 戴志强编著.
-- 昆明：云南大学出版社，2011.11
（关注学生公共安全教育系列丛书）
ISBN 978-7-5482-0669-9

Ⅰ．①学… Ⅱ．①戴… Ⅲ．①自然灾害－灾害防治－
中小学－课外读物Ⅳ．①G634.203
中国版本图书馆CIP数据核字（2011）第230861号

关注学生公共安全教育系列丛书

# 学生自然灾害防范安全教育知识读本

编　　著：戴志强
责任编辑：李　红
封面设计：左巧艳
出版发行：云南大学出版社
印　　装：云南华达印务有限公司
开　　本：787mm×1092mm　1/16
印　　张：12.75
字　　数：213千
版　　次：2012年12月第1版
印　　次：2012年12月第1次印刷
书　　号：ISBN 978-7-5482-0669-9
定　　价：24.00元

地　　址：云南省昆明市翠湖北路2号云南大学英华园内
邮　　编：650091
电　　话：0871-5031070　5033244
网　　址：http://www.ynup.com
E-mail：market@yunp.com

# 前 言 》Preface

　　自然灾害是人类生存的自然界中所发生的异常现象，其对人类社会所造成的危害往往是触目惊心的。它们之中既有地震、火山爆发、泥石流、海啸、台风、洪水等突发性灾害，也有地面沉降、土地沙漠化、干旱、海岸线变化等在较长时间中才能逐渐显现的渐变性灾害；还有臭氧层变化、水体污染、水土流失、酸雨等人类活动导致的环境灾害。这些自然灾害和环境破坏之间有着复杂的相互联系。我们要从科学的意义上认识这些灾害的发生、发展并采取措施尽可能减小它们造成的危害。

　　我国是世界上主要的"气候脆弱区"之一，自然灾害频发、分布广、损失大，是世界上自然灾害最为严重的国家之一。20世纪的观测事实已经表明，气候变化引起的极端天气气候事件（厄尔尼诺、干旱、洪涝、雷暴、冰雹、风暴、高温天气和沙尘暴等）出现频率与强度明显上升，直接危及我国国民经济发展。据统计，我国每年因各种天气气候灾害使农田受灾面积达3400万公顷（5亿多亩），受干旱、洪涝、暴雨和热带风暴等重大灾害影响的人口约6亿人次，平均每年因受天气气候灾害造成的经济损失约占GDP的3%～6%。

　　自然灾害的发生，也直接影响着校园环境的安全与稳定，给学校带来巨大的损失和伤害。据不完全统计，2004年全国中小学幼儿园案件、事故共计148起，因自然灾害、意外事件等不可抗拒的力量导致的事故共16起，死亡28人，伤94人；2005年全国上报的幼儿园案件中因自然灾害导致的一起事故，死亡105人；2006年，全国各省、自治区、直辖市上报的各类安全事故中，自然灾害如洪水、台风、地震、冰雹、暴雨、塌方等占10%；2008年汶川地震的发生，更使很多学校轰然倒塌，学生被埋于废墟之中，甚至丧失了幼小的生命。

　　未成年人是祖国的未来，民族的希望，历来受到社会各界的广泛关注。他们的共同特点是处于人生发展过程中的幼弱期，也是一个极易受到侵害，特别需要保护的时期。因此加强对未成年人的保护，使未成年学生了解自然灾害知识，树立起对自然灾害的安全防范意识，学会面对自然灾害逃生、避险本领，具有重要的意义。

编　者

2011 年 12 月

# 目 录  》Contents

## 第一章　地震灾害

# 第二章    滑坡和泥石流灾害

# 第三章    暴雨、雷电灾害

## 第四章　大风灾害

## 第五章　洪水灾害

## 第九章　霜冻、寒潮和冰雹灾害

## 第十章　干旱灾害

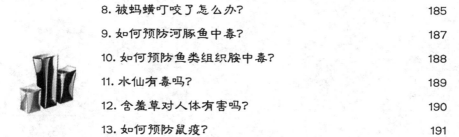

# 第一章　地震灾害

　　"天有不测风云，人有旦夕祸福。"地震就像是大地在"发脾气"，地动山摇，天崩地裂，路断屋毁，无数家园在眨眼间被夷为平地，无数生灵在刹那间被夺去生命。地震是一种常见的自然灾害，由于地球内部物质的运动，产生了作用于地壳的巨大能量，一旦这种能量超过地表表面岩层的承受能力，就会使岩层发生断裂、错动等现象，这就是我们所说的地震。由于地震来临时具有突发性以及巨大的破坏性，很多未成年学生可能瞬间来不及反应或者惊慌、恐惧，丧失了绝好的逃生机会，造成了人身伤亡。因此，未成年学生要学会应急避险知识，一旦地震发生，能迅速作出准确的判断，采取正确的应急逃生自救措施。那么，什么是地震灾害？地震会产生什么危害？在地震发生时应该怎样自救和帮助他人？

# 1.什么是地震?

安全故事会

　　2008年5月12日14时28分,四川省汶川县发生了里氏8.0级的特大地震,造成重大人员伤亡和财产损失。很多人在地震来临时,不知道如何应对而丧失了逃生的机会。但是四川省安县的一所学校,在地震发生的瞬间,全校2000多名学生和100多名老师迅速地全部撤离到操场上,仅仅用了1分36秒,没有一人伤亡,可以说创造了一个地震中集体安全逃生的奇迹。原来,该学校每学期都会在全校组织一次紧急疏散演习,当灾害真的发生的时候,该校师生凭借平时养成的良好的应急习惯,成功地逃过了一次大的劫难。

安全博士讲堂

　　地球,可分为三层。中心层是地核,中间是地幔,外层是地壳。地震一般发生在地壳之中。地壳内部在不停地变化,由此而产生力的作用(内力作用),使地壳岩层变形、断裂、错动,于是便发生地震。

　　地震,是地球内部发生的急剧破裂产生的震波,在一定范围内引起地面震动的现象。地震就是地球表层的快速振动,在古代又称为地动,它就像海啸、龙卷风、冰冻灾害一样,是地球上经常发生的一种自然灾害。大地震动是地震最直观、最普遍的表现。在海底或滨海地区发生强烈地震,能引起巨大的波浪,称为海啸。地震是极其频繁的,全球每年发生地震约550万次。

　　地震一般可以用三个要素来描述:发震时间、发震地点和地震强度。地震强度指地震震级的大小及其在地面造成的破坏程度。

第
一
章

地震常常造成严重人员伤亡，能引起火灾、水灾、有毒气体泄漏、细菌及放射性物质扩散，还可能造成海啸、滑坡、崩塌、地裂缝等次生灾害。地震具有一定的时空分布规律。从时间上看，地震有活跃期和平静期交替出现的周期性现象。从空间上看，地震的分布呈一定的带状，称地震带。就大陆地震而言，主要集中在环太平洋地震带和地中海—喜马拉雅地震带两大地震带。

小贴士

近年来地震频发，从我国的汶川地震到海地大地震、智利大地震、再到青海玉树地震、日本关东大地震，无一例外都对人类的生命财产造成极大的损失。在大自然强大的破坏力面前，人类显得十分渺小，尽管如此，我们依然要顽强地抗争。正因为如此，未成年学生学会如何应对灾难和危机，在危险发生的时候争取最大的生存机会，就显得十分必要和重要。

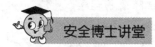

相关链接

《地质灾害防治条例》（2004年3月1日起施行）

# 2.为什么我们
# 脚下的大地会发生地震？

安全博士讲堂

地球本身看似没有生命，其实它会像生物一样不断地运动。地震、火山爆发等地壳运动，都表明地球是有生命力的。

两亿年前的地球与目前的地球完全不同。当时地球上的陆地被称为"联合古陆"，又称泛大陆，它像一块漂浮在海面的巨大钢板。这块原始的超级大陆不断分裂、移动，逐渐变成我们现在欧亚、非洲、大洋洲、南美洲、北美洲、南极洲等六个大陆。德国气象学家魏格纳提出的大陆漂移学说，成为解释地震发生原因的"板块构造学说"的基础。

地震波发源的地方，叫做震源。震源在地面上的垂直投影，地面上离震源最近的一点称为震中。它是接受振动最早的部位。震中到震源的深度叫做震源深度。通常将震源深度小于60公里的叫浅源地震，深度在60～300公里的叫中源地震，深度大于300公里的叫深源地震。对于同样大小的地震，由于震源深度不一样，对地面造成的破坏程度也不一样。震源越浅，破坏越大，但波及范围也就越小，反之亦然。

观测点距震中的距离叫震中距。震中距小于100公里的地震称为地方震，在100～1000公里之间的地震称为近震，大于1000公里的地震称为远震。其中，震中距越长的地方受到的影响和破坏越小。

地震所引起的地面振动是一种复杂的运动，它是由纵波和横波共同作用的结果。在震中区，纵波使地面上下颤动；横波使地面水平晃动。由于纵波传播速度较快，衰减也较快，横波传播速度较慢，衰减也较慢，因此离震中较远的地方，往往感觉不到上下跳动，但能感到水平晃动。

当某地发生一次较大的地震时，在一段时间内，往往会发生一系列的地震，其中最大的叫做主震，主震之前发生的地震叫前震，主震之后发生的地震叫余震。

小贴士

虽然地震之谜迄今为止还没有完全被解开，但随着物理学、化学、古生物学、地质学、数学和天文学等多学科交叉渗透，随着航天监测技术、钻探技术、信息技术等高新技术的深入发展，相信地震科学将会取得长足的进步，从而大大提高人类预测地震和抗御地震的能力。

# 3.地震的类型有哪些？

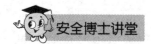

地震分为天然地震和人工地震两大类。此外，某些特殊情况下也会产生地震，如大陨石冲击地面（陨石冲击地震）等。总之，引起地球表层振动的原因很多，科学家根据地震的成因，把地震分为以下几种类型：

**一、构造地震**

由于地下深处岩石破裂、错动，把长期积累起来的能量急剧释放出来，以地震波的形式向四面八方传播出去，在地面引起的山摇地动称为构造地震。这类地震发生的次数最多，破坏力也最大，约占全世界地震的90%以上。

**二、火山地震**

由于火山作用，如岩浆活动、气体爆炸等引起的地震称为火山地震。只有在火山活动区才可能发生火山地震，这类地震只占全世界地震的7%左右。

**三、塌陷地震**

由于地下岩洞或矿井顶部塌陷而引起的地震称为塌陷地震。这类地震的规模比较小，次数也很少，即使有，也往往发生在溶洞密布的石灰岩地区或大规模地下开采的矿区。

**四、诱发地震**

由于水库蓄水、油田注水等活动而引发的地震称为诱发地震。这类地震仅仅在某些特定的水库库区或油田地区发生。

**五、人工地震**

地下核爆炸、炸药爆破等人为引起的地面振动称为人工地震。人工地震是由人为活动引起的地震。如工业爆破、地下核爆炸造成的振动；

在深井中进行高压注水以及大水库蓄水后增加了地壳的压力，有时也会诱发地震。

小贴士

地震一般可以分为天然地震和人工地震两大类。由人类活动（如开山、开矿、爆破等）引起的地震叫做人工地震，除此之外的统称为天然地震。

# 4.地震的分布有何特点？

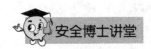

安全博士讲堂

地震活动在时间上具有一定的周期性。表现为在一定时间段内地震活动频繁，强度大，称为地震活跃期；而另一时间段内地震活动相对来讲频率少，强度小，称为地震平静期。

地震的地理分布受一定的地质条件控制，具有一定的规律。地震大多分布在地壳不稳定的部位，特别是板块之间的消亡边界，形成地震活动活跃的地震带。全世界主要有三个地震带：

一是环太平洋地震带，包括南、北美洲太平洋沿岸，阿留申群岛、堪察加半岛、千岛群岛、日本列岛，经中国台湾再到菲律宾转向东南直至新西兰，是地球上地震最活跃的地区，集中了全世界80%以上的地震。本带是在太平洋板块和美洲板块、亚欧板块、印度洋板块的消亡边界，南极洲板块和美洲板块的消亡边界上。

二是欧亚地震带，大致从印度尼西亚西部、缅甸经中国横断山脉、喜马拉雅山脉，越过帕米尔高原，经中亚细亚到达地中海及其沿岸。本带处在亚欧板块和非洲板块、印度洋板块的消亡边界上。

三是中洋脊地震带，包含延绵世界三大洋（太平洋、大西洋和印度洋）和北极海的中洋脊。中洋脊地震带仅含全球约5％的地震，此地震带的地震几乎都是浅层地震。

中国地震主要分布在五个区域：台湾地区、西南地区、西北地区、华北地区、东南沿海地区和23条大小地震带上。

# 5.地震来临前有何异常征兆？

一位美国科学家用近十年的研究证明，每当地震前的4～6个星期内，地震区都会出现一连串的强烈高气压，导致加州海岸附近的太平洋上产生强风。他甚至认为，是这些高气压和强风引发了地震。曾做过日本奈良市市长的健田中三郎能根据天空中的云彩预报地震。1978年3月6日上午，这位市长正在参加一次记者招待会，他指着天上的云对记者说："这就是地震云，不久会有一次强烈的地震发生在日本广大地区。"结果，就在第二天，日本附近的海洋里发生了里氏7.8级地震。

**安全博士讲堂**

地震往往是突如其来的，可以说总是向我们发起"偷袭"。但它来临之前，也会表现出一些异常征兆，往往发生风、云、雷、雪等气象异常现象。地震来临前的征兆主要有：

## 一、地下水异常

由于地下岩层受到挤压或拉伸，使地下水位上升或下降；或者使地壳内部气体和某些物质随水溢出，而使地下水冒泡、发浑、变味等。

"井水是个宝，前兆来得早，天雨水质浑，天旱井水冒，水位变化大，翻花冒气泡，有的变颜色，有的变味道。"

## 二、动物异常

震前一两天，牛、马赶不进圈，乱蹦乱跳，嘶叫不止，烦躁不安，饮食减少；一些猪羊不吃食，烦躁不安，乱跑乱窜；狗狂叫不止；鸡不进窝，惊啼不止；鸭不下水；家兔乱蹦乱跳，惊恐不安；鸽子在震前数天惊飞，不回巢；蜜蜂一窝一窝地飞走；老鼠反应最灵敏，在震前一天至数天，老鼠突然跑光了，有的叼着小老鼠搬家；有些冬眠的蛇爬出洞外，上树；鱼惊慌乱跳游向岸边，翻白肚等。

"震前动物有预兆；老鼠搬家往外逃；鸡飞上树猪拱圈；鸭不下水狗狂叫；冬眠麻蛇早出洞；鱼儿惊慌水面跳。"

## 三、地光和地声

地光和地声是地震前夕或地震时，从地下或地面发出的光亮及声音，是重要的临震预兆。地光常见的颜色有蓝、红、白、黄等，多发生在地震前数秒、数分钟或几小时。地光之后会发生地声，有时也会单独地发生地声，其声音像打雷、狂风、狮吼、放炮等。地震一般还有"前震—主震—余震"的规律，也需要掌握。

另外，震前还会出现暴雨、大旱、大涝、大雪或骤然酷热等反常气候现象。

需要注意的是：要正确辨别地震前兆，切勿风声鹤唳、草木皆兵，成为惊弓之鸟，看见反常的现象就认为是地震将至。不要看见动物反常，便认为是地震前兆。同时，也不要不经核实，便把某些声音和光柱、光带当成是地声、地光。

# 6.地震发生时有哪些现象？

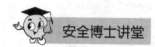

地震发生时，最基本的现象是地面的连续振动，主要特征是明显的晃动。近震区的人在感到大的晃动之前，有时首先感到上下跳动。这是因为地震波从地内向地面传来，纵波首先到达的缘故。横波接着产生大振幅的水平方向的晃动，是造成地震灾害的主要原因。1960年智利大地震时，最大的晃动持续了3分钟。地震造成的灾害首先是破坏房屋和建筑物，如1976年中国河北唐山大地震，70%～80%的建筑物倒塌，人员伤亡惨重。

地震对自然界景观也有很大影响。最主要的后果是地面出现断层和地震裂缝。大地震的地表断层常绵延几十至几百上千米，往往具有较明显的垂直错距和水平错距，能反映出震源处的构造变动特征。但并不是所有的地表断裂都直接与震源的运动相联系，它们也可能是由于地震波造成的次生影响。特别是地表沉积层较厚的地区，坡地边缘、河岸和道路两旁常出现地裂缝，这往往是由于地形因素，在一侧没有依托的条件下晃动使表土松垮和崩裂。地震的晃动使表土下沉，浅层的地下水受挤压会沿地裂缝上升至地表，形成喷沙冒水现象。

大地震能使局部地形改观，或隆起，或沉降，使城乡道路坼裂、铁轨扭曲、桥梁折断。在现代化城市中，会因地下管道破裂和电缆被切断造成停水、停电和通信受阻。煤气、有毒气体和放射性物质泄漏可导致火灾和毒物、放射性污染等次生灾害。在山区，地震还能引起山崩和滑坡，常造成掩埋村镇的惨剧。崩塌的山石堵塞江河，在上游形成地震湖。

我们可以看到，地震发生时天崩地裂，异常危险，因此我们首先必须要保持冷静，判断出逃生路线，迅速逃离至安全地带。万一被困，要正确判断所处的位置，积极等待救援。如果自身比较安全，打算救助他人，也必须保持冷静，不慌乱，避免造成二次伤害。

# 7.地震引起的灾害有哪些?

地震灾害是指由地震引起的灾害，可分为直接灾害和次生灾害。

地震直接灾害包括房屋、公路、桥梁、水坝、电站等各种建筑物和基础设施的倒塌、损毁，以及人畜伤亡、财产损失、生产中断、自然生态环境破坏等。

地震次生灾害是指强烈地震发生后，自然以及社会原有的状态被破坏，造成的山体滑坡、泥石流、水灾、瘟疫、火灾、爆炸、毒气泄漏、放射性物质扩散对生命产生威胁等一系列的因地震引起的灾害，统称为地震次生灾害。地震次生灾害按其成因，一般分为火灾、毒气污染、细菌污染等。例如：地震时，电器短路引燃煤气、汽油等会引发火

灾；水库大坝、江河堤岸倒塌或震裂会引起水灾；公路、铁路、机场被地震摧毁会造成交通中断；通信设施、互联网络被地震破坏会造成信息灾难；化工厂管道、贮存设备遭到破坏会形成有毒物质泄漏、蔓延，危及人们的生命和健康；城市中与人们生活密切相关的电厂、水厂、煤气厂和各种管线被破坏会造成大面积停水、停电、停气；卫生状况的恶化还能造成疫病流行，等等。

小贴士

地震灾害具有突发性和不可预测性，一次大地震将会对人们的日常生活、工作和社会经济发展产生重大影响。大地震对自然界的破坏是多方面的，如大地震时出现地面裂缝、地面塌陷、山体滑坡、河流改道、地表变形，以及喷沙、冒水、大树倾倒等现象。破坏性地震的突发性和巨大的摧毁力会造成人们对地震的恐惧。有一些地震本身没有造成直接破坏，但由于各种"地震消息"广为流传，以致造成社会动荡而带来损失。这种情况如果发生在经济发达的大、中城市，损失会相当于一次真正的破坏性地震。

# 8.如何正确辨识地震谣言?

安全博士讲堂

我们国家规定,除县级以上人民政府外,任何团体和个人都不能发布和传播地震预报消息。散播地震谣言是违法行为。

地震是自然界十大灾害之一,也是损失最为严重的灾难,带给社会和人们的是破坏和毁灭。目前,人类对地震的预报,仍然是一道尚未攻克的科学难题。中共中央、国务院对地震预报工作极为重视,我国地震工作者经过30多年的不懈努力,在成功预报地震上积累了丰富而宝贵的经验。现在全国建有400多个台站,网点2000多个。仅广西壮族自治区就建有观测台站29个,观测网点50多个,开展观测项目39项,筑起了一道保护国家财产和人民生命安全的防护网。一旦地震发生,国家和各级人民政府会很快实施地震紧急救援工作,全力抢救受害的群众,保一方平安。

但在目前,由于受仪器设备、观测技术等条件的限制,科学家还不能准确地预报地震。那么,什么是地震谣言?怎样辨别地震谣言?"地震谣言"要从以下几方面进行识别:凡"预报"的地震震级很精确,发震时间、地点很具体的是谣言;凡说地震是外国人给我们测出来的是谣言;凡带有封建迷信色彩或伴有离奇传说的也是谣言。

小贴士

对待地震谣言,我们应做到不相信,不传播,及时报告。我们应正确认识国内外当前地震预报的实际水平,人类目前作出的较大时间尺度的中长期预报已有一定的可信度,但短期临时预报的成功率还相对较低。要明确,在我国,发布地震预报的权限在政府，任何其他单位或个人都无权发布地震预报消息。

# 9.地震发生前应作哪些准备？

安全博士讲堂

在地震发生之前，要掌握防震减灾知识，提高自我保护意识；明确地震时的疏散路线和避震场所；清除楼道和门前的杂物；妥善处置室内易燃易爆物品；关闭煤气，切断电源，熄灭炉火等；衣袋里装上家庭成员名单、工作单位、通讯号码等。有确切血型的要写明血型。

准备好紧急备用品，包括饮用水、食品、急救医药品、便携式收音机、手电筒、干电池、现金、贵重品、内衣裤、毛巾、手纸等。

发生大地震时，可以预计在广大区域造成巨大灾害，在这种情况下，消防车、救护车不可能随叫随到。所以，有必要从平时起通过街道等组织，与当地居民进行交流，建立起应对火灾、拯救伤员的互助协作体制。从平时起，邻里之间应就一旦有事时的互助协作体制进行商谈，积极参加市民防灾组织，积极参加防灾训练。

小贴士

未成年学生要注意：平时在家中或在学校储备一些地震应急用品，比如应急灯、收音机、急救药品、食品和饮用水等，并将这些应急用品放在一个结实的应急箱或者应急袋中。储备的食物和饮用水至少能维持5～7天。同时，要牢记家庭和学校等地方的安全撤离路线，了解附近的安全疏散场地，如比较空旷的操场、公园、广场等，这些地方在地震后往往成为最重要的避难场所。疏散时要尽量远离建筑物。牢记家长和老师的电话以及必要的求教电话，在遇到地震后这些可能成为救命的法宝。此外，还要多参加各种应急演练活动，培养应急自救逃生基本功。

# 10.临震前的应急准备有哪些?

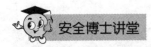 安全博士讲堂

在已发布破坏性地震临震预报的地区，应作好以下几个方面的应急工作:

（1）备好临震急用物品。地震发生之后，食品、医药品等日常生活用品的生产和供应都会受到影响，水塔、水管往往被震坏，造成供水中断。为能渡过震后初期的生活难关，临震前社会和家庭都应准备一定数量的食品、水、日用品和药品，以解燃眉之急。

（2）建立临震避难场所。房舍被震坏，需要有安身之处；余震不断发生，要有一个躲藏处。这就需要临时搭建防震、防火、防寒、防雨的防震棚。

（3）划定疏散场所。转运危险物品。城市人口密集，人员避震和疏散比较困难，为确保震时人员安全，震前要按街、区分布，就近划定好群众避震疏散路线和场所。平时要把易燃、易爆和有毒物品及时转运到城外存放。

（4）设置伤员急救中心。在城内抗震能力强的场所或在城外开阔地设置急救中心，备好床位、医疗器械、照明设备和药品等。

（5）得到正式临震预报通知后。各种公共场所应暂停活动，观众或顾客要有秩序地撤离，中、小学校可临时在室外上课，车站、码头可在露天候车。

（6）组织人员撤离并转移重要财产。如果得到正式临震警报或通知，要迅速而有秩序地动员和组织群众撤离房屋。正在治疗的重病号要转移到安全的地方。农村的大牲畜、拖拉机等生产资料，临震前要妥善转移到安全地带。机关、企事业单位的车辆要开出车库，停在空旷地方，以便在抗震救灾中发挥作用。

（7）城市发生地震可能出现严重的次生灾害。特别是化工厂、煤气厂等易发生地震次生灾害的单位，要加强监测和管理，设专人昼夜站岗和值班。

（8）确保机要部门的安全。城市内各种机要部门和银行较多，地震时要加强安全保卫，防止国有资产损失和机密泄露。消防队的车辆必须出库，消防人员要整装待发，以便及时扑灭火灾，减少经济损失。

（9）组织抢险队伍，合理安排生产。临震前，各级政府要就地组织好抢险救灾队伍。必要时，某些工厂应在防震指挥部的统一指令下暂停生产或低负荷运行。

（10）作好家庭防震准备。在已发布地震预报的地区，居民须作好家庭防震准备，制订一个家庭防震计划，检查并及时消除家里不利防震的隐患。检查和加固住房，合理放置家具、物品，固定好高大家具，防止倾倒砸人，牢固的家具下面要腾空，以备震时藏身；家具物品摆放做到"重在下，轻在上"，墙上的悬挂物要取下来固定。准备好必要的防震物品，如食品、水、应急灯、简单药品、绳索、收音机等在内的家庭防震包，放在便于取到处。进行家庭防震紧急撤离与疏散演练以及"一分钟紧急避险"练习。

小贴士

作为群灾之首，地震具有突发性、不可预测性以及发生频率较高等特点。因此，它对生命、财产等各个方面都会产生极大影响。临震之前的应急准备是相当重要的，每个人都应当抱着积极的心态去面对，尽最大的力量减少人身伤亡和财产损失。

# 11.地震发生时应怎么办？

安全博士讲堂

地震发生时，至关重要的是要有清醒的头脑，镇静自若的态度。只有镇静，才有可能运用平时学到的防震知识并判断地震的大小和远近。近震常以上下颠簸开始，之后才左右摇摆。远震却少上下颠簸之感，而以左右摇摆为主，而且声音脆，震动小。一般小震和远震不必外逃。由此可见，地震，虽然目前人类还不能完全避免和控制，但是只要能掌握自救、互救技能，就能使灾害降到最低限度。

（1）保持镇静在地震中十分重要。有人观察到，不少无辜者并不是因房屋倒塌而被砸伤或挤压伤致死，而是由于精神崩溃，从而失去生存的希望，乱喊、乱叫，在极度恐惧中"扼杀"了自己。这是因为，乱喊乱叫会加速新陈代谢，增加氧的消耗，使体力下降，耐受力降低；同时，大喊大叫，必定会吸入大量烟尘，易造成窒息，增加不必要的伤亡。正确的态度是在任何恶劣的环境下，始终保持镇静，冷静分析所处环境，积极寻找出路，耐心等待救援。

（2）止血、固定砸伤和挤压伤是地震中最常见的抢救措施。开放性创伤，外部出血应首先止血，抬高患肢，同时呼救。对开放性骨折，不应作现场复位，以防止组织再度受伤，一般用清洁纱布覆盖创面，作简单固定后再进行运转。不同部位骨折，按不同要求进行固定，并参照不同伤势、伤情进行分类、分级，送医院进一步处理。

（3）妥善处理挤压伤口。应设法尽快解除重压，遇到大面积创伤者，要保持创面清洁，用干净纱布包扎创面，怀疑有破伤风杆菌感染时，应立即与医院联系，及时诊断和治疗。对大面积创伤和严重创伤者，可口服糖盐水，预防休克发生。

（4）防止火灾。地震常引起许多"次生灾害"，火灾就是常见的一种。在大火中应尽快脱离火灾现场，脱下燃烧的衣帽，或用湿衣服覆盖身上，或卧地打滚，也可用水直接浇泼灭火。切忌用双手扑打火苗，否则会引起双手烧伤。

（5）同时要预防破伤风，并且要尽早深埋尸体，注意饮食、饮水卫生，防止大灾后的大疫。

地震时，从地震发生到房屋倒塌，一般有12秒钟，此时要保持冷静。能撤离时，迅速有序地疏散到选定的安全地区，不要拥挤在楼梯和过道上。来不及撤离的应就近避震，震后再迅速撤离到安全地方。例如，在家里可躲在床或桌下面或跨度较小的房间，如卫生间等。在教室里可躲在书桌下或墙角边。在车间里可躲在机床下或小房间内，在影剧院、饭店可躲在桌椅下。撤到室外或正在室外的人员要选择到空旷地带避难。避震时，要注意保护头部，如用枕头顶在头上，用脸盆顶在头上，用书包顶在头上，用双手护住头部等。地震发生时正在行驶的车辆，司机应尽快减速，逐步刹闸；乘客（特别在火车上）应用手牢牢抓住拉手、柱子或坐席等，并注意防止行李从架上掉下伤人，面朝行车方向的人，要将胳膊靠在前坐席的椅垫上，护住面部，身体倾向通道，两手护住头部；背朝行车方向的人，要两手护住后脑部，并抬膝护腹，紧缩身体，作防御姿势。

# 12.地震发生后受困如何自救?

地震时如被埋压在废墟下，周围又是一片漆黑，只有极小的空间，你

一定不要惊慌，要沉着，树立生存的信心，相信会有人来救你，要千方百计保护自己。

地震后，往往还有多次余震发生，处境可能继续恶化，为了免遭新的伤害，要尽量改善自己所处的环境。此时，如果应急包在身旁，将会为你脱险起很大作用。

如果你处在这种极为不利的环境下，首先要保持呼吸畅通，挪开头部、胸部的杂物，闻到煤气、毒气时，用湿衣服等物捂住口、鼻；避开身体上方不结实的倒塌物和其他容易引起掉落的物体；扩大和稳定生存空间，用砖块、木棍等支撑残垣断壁，以防余震发生后，环境进一步恶化。

要设法脱离险境，如果找不到脱离险境的通道，要尽量保存体力，用石块敲击能发出声响的物体，向外发出呼救信号，不要哭喊、急躁和盲目行动，因为这样会大量消耗精力和体力，要尽可能控制自己的情绪或闭目休息，等待救援人员到来。如果受伤，要想法包扎，避免流血过多。

维持生命最为重要。如果被埋在废墟下的时间比较长，救援人员未到，或者没有听到呼救信号，就要想办法维持自己的生命，防震包的水和食品一定要节约，尽量寻找食品和饮用水，必要时自己的尿液也能起到解渴作用。

如果你在三脚架区，可以利用旁边的东西来护住自己，以免余震再次把自己伤害，再把手和前胸伸出来，把脸前的碎石子清理干净，让自己可以呼吸，等人来救你。

避震时应采取的姿势：伏而待定，蹲下或坐下，尽量蜷曲身体，降低身体重心；抓住桌腿等牢固的物体；保护头颈、眼睛，掩住口鼻；避开人流，不要乱挤乱拥，不要随便点明火，因为空气中可能有易燃易爆气体。

小贴士

地震来临时，我们该如何避震，要掌握三条原则：

原则一：因地制宜，正确抉择。要根据是住平房还是住楼房，地震发生在白天还是晚上，房子是不是坚固，室内有没有避震空间，你所处的位置离房门远近，室外是否开阔、安全等不同情况，选择避难措施。

原则二：行动果断、切忌犹豫。避震能否成功，就在千钧一发之际，决不能瞻前顾后，犹豫不决。如住高楼避震时，更要行动果断，或就近躲避，或紧急外逃，切勿往返。

原则三：伏而待定，不可疾出。发生地震时，不要急着跑出室外，而应抓紧求生时间寻找合适的避震场所，采取蹲下或坐下的方式，静待地震过去，这样即使房屋倒塌，人亦可安然无恙。

# 13.地震发生后如何互救？

安全博士讲堂

震后，外界救灾队伍不可能立即赶到救灾现场，在这种情况下，为使更多被埋压在废墟下的人员获得宝贵的生命，灾区群众积极投入互救，是减轻人员伤亡最及时、最有效的办法，也体现了"救人于危难之中"的崇高美德。

抢救时间越及时，获救的希望就越大。据有关资料显示，震后20分钟获救的救活率达98%以上，震后一小时获救的救活率下降到63%，震后2小时还无法获救的人员中，窒息死亡人数占死亡人数的58%。他们不是在地震中因建筑物垮塌砸死，而是窒息死亡，如能及时救助，是完全可以获得生命的。唐山大地震中有几十万人被埋压在废墟中，灾区群众通过自救、互救使不少被埋压人员重新获得生命。灾区群众参与的互救行动，在整个抗震救灾中起到了无可替代的作用。

　　那么，怎样进行互救呢？应根据震后环境和条件的实际情况，采取行之有效的施救方法，将被埋压人员安全地从废墟中救出来。通过了解、搜寻，确定废墟中有人员埋压后，判断其埋压位置，通过向废墟中喊话或敲击等方法传递营救信号。在营救过程中，要特别注意埋压人员的安全。一是使用的工具（如铁棒、锄头、棍棒等）不要伤及埋压人员；二是不要破坏了埋压人员所处空间周围的支撑条件，引起新的垮塌，使埋压人员再次遇险；三是应尽快与埋压人员的封闭空间沟通，使新鲜空气流入，挖扒中如尘土太大应喷水降尘，以免埋压者窒息；四是埋压时间较长，一时又难以救出的，可设法向埋压者输送饮用水、食品和药品，以维持其生命。在进行营救行动之前，要有计划、有步骤，哪里该挖，哪里不该挖，哪里该用锄头，哪里该用棍棒，都要有所考虑。过去曾发生过救援人员盲目行动，踩塌被埋压者身上的东西，砸死被埋人员的情况，因此在营救过程中要有科学的分析和行动，才能收到好的营救效果，盲目行动，往往会给营救对象造成新的伤害。

小贴士

　　对被困人员的施救和护理应当注意：先将被埋压人员的头部，从废墟中暴露出来，然后清除其口鼻内的尘土，以保证其呼吸畅通；对于伤害严重，不能自行离开埋压处的人员，应该设法小心地清除其身上和周围的埋压物，再将被埋压人员抬出废墟，切忌强拉硬拖。对饥渴、受伤、窒息较严重，埋压时间又较长的人员，被救出后要用深色布料蒙上眼睛，避免强光刺激；对伤者，根据受伤轻重，采取先包扎或紧急送医疗点抢救治疗等措施。

# 14.地震逃生时的危险举动有哪些?

一、摇晃时忘记关火, 失火时不能及时灭火是危险的

大地震时, 也会有不能依赖消防车来灭火的情形。因此, 我们每个人关火、灭火的这种努力, 是能否将地震灾害控制在最小程度的重要因素。

二、慌张地向户外跑是危险的

地震发生后, 慌慌张张地向外跑, 碎玻璃、屋顶上的砖瓦、广告牌等掉下来砸在身上, 是很危险的。此外, 水泥预制板墙、自动售货机等也有倒塌的危险, 不要靠近这些物体。

三、地震时, 关闭门窗是危险的

钢筋水泥结构的房屋等, 由于地震的晃动会造成门窗错位, 打不开门, 曾经发生有人被封闭在屋子里的事例。因此, 将门打开, 确保出口, 或准备好梯子、绳索等。

四、户外的场合, 忽略护住身体逃生是危险的

当大地剧烈摇晃, 站立不稳的时候, 人们都会有扶靠、抓住什么的心理。身边的门柱、墙壁大县多会成为扶靠的对象。但是, 这些看上去挺结实牢固的东西, 实际上却是危险的。在繁华街道、楼区, 最危险的是玻璃窗、广告牌等物掉落下来砸伤人。要注意用手或手提包等物保护好头部。

五、在百货公司、剧场时不依工作人员的指示行动是危险的

在百货公司、地下街等人员较多的地方, 最可怕的是发生混乱。请依照商店职员、警卫人员的指示来行动。就地震而言, 据说地下街是比较安全的。即便发生停电, 紧急照明电也会即刻亮起来, 所以请镇静地采取行动。

六、地震发生时, 继续留在车内是危险的

发生大地震时, 汽车会像轮胎泄了气似的, 无法把握方向盘, 难以驾

驶。必须充分注意，避开十字路口将车子靠路边停下。为了不妨碍避难疏散的人和紧急车辆的通行，要让出道路的中间部分。

七、务必注意山崩、断崖落石或海啸

在山边、陡峭的倾斜地段，有发生山崩、断崖落石的危险，应迅速到安全的场所避难。在海岸边，有遭遇海啸的危险。感知地震或发出海啸警报的话，请注意收音机、电视机等的信息，迅速到安全的场所避难。

八、避难时要徒步，携带物品应在最少限度，在道路上奔跑是危险的

因地震造成的火灾，蔓延燃烧，出现危机生命、人身安全等情形时，采取避难的措施。避难的方法，原则上以市民防灾组织、街道等为单位，在负责人及警察等带领下采取徒步避难的方式，携带的物品应在最少限度。绝对不能利用汽车、自行车避难。

对于病人等的避难，当地居民的合作互助是不可缺少的。从平时起，邻里之间有必要在事前就避难的方式等进行商定。

# 第二章　滑坡和泥石流灾害

　　我国幅员辽阔，地形复杂，山区和丘陵分布广泛，滑坡和泥石流灾害频发，给人们的生命和财产安全造成了巨大威胁，并对社会经济发展产生不良影响。防治滑坡、泥石流等灾害，已成为世界各国保障社会安定和经济发展的重要任务。什么是滑坡和泥石流？如何识别滑坡与泥石流的征兆？应该采取什么措施来预防和治理滑坡与泥石流？遭遇滑坡和泥石流，我们该怎么办？

# 1.什么是滑坡?

## 安全故事会

　　2008年4月18日，湖北兴山县出现了持续暴雨天气，最高降雨量达106毫米。19日下午，三峡库区高阳镇发生特大滑坡。该滑坡正位于高阳镇中心小学背后，泥石流淤满教学楼背后的5000立方米的堰塘，并越过教学楼后方的村级公路，冲垮学校后围墙40米，推倒学生食堂1栋3间，泥石流涌入了一楼教室并蔓延至操场。所幸的是，学生正好当时双休放假不在学校，否则可能导致灾难性的后果。

## 安全博士讲堂

　　滑坡是指斜坡上的土体或者岩体，受河流冲刷、地下水活动、地震及人工切坡等因素影响，在重力作用下，沿着一定的软弱面或者软弱带，整体地或者分散地顺坡向下滑动的自然现象，俗称"走山"、"垮山"、"地滑"、"土溜"等。滑坡发生时，山崩地裂，危及人和动物的生命安全，山坡上的房屋垮塌，树木倒伏，农田遭受严重破坏，甚至被下滑的岩石和泥土掩埋，造成巨大的财产损失。

　　产生滑坡的基本条件是斜坡体前有滑动空间，两侧有切割面。例如中国西南地区，特别是西南丘陵山区，最基本的地形地貌特征就是山体众多，山势陡峻，土壤结构疏松，易积水，沟谷河流遍布于山体之中，与之相互切割，因而形成众多的具有足够滑动空间的斜坡体和切割面，广泛存在滑坡发生的基本条件，滑坡灾害相当频繁。

人类也许无法阻止暴雨、洪水、泥石流、滑坡等自然灾害的侵害，但我们可以根据自然规律来作好防灾减灾工作。在雨季、汛期，同学们出行时要特别注意暴雨、洪水、泥石流、滑坡等自然灾害的发生。灾害发生时，同学们应听从老师、学校和地方政府的指挥与安排，学会自救与救助他人。

### 相关链接

《地质灾害防治条例》（2004年3月1日起施行）

# 2.滑坡形成的原因是什么？

地震、降雨、冰雪融化和人类活动，都有可能造成滑坡灾害。

地震发生时，山摇地动，十分容易引起山坡的塌陷和下滑，产生滑坡灾害。由于地震释放的能量巨大，世界上大规模的滑坡往往都是由地震导致的。

降雨和冰雪融化，会使山坡上岩石和泥土变得湿润、疏松。如果山坡很陡峭，岩石和泥土在重力作用下就可能垮塌、向下滑动。在我国南方的山区，突降暴雨或阴雨连绵，就容易引发滑坡灾害。

人类活动也会诱发滑坡灾害，比如采石、采矿、修路的时候，山脚被人为地挖开，整个山坡就容易坍塌、下滑。人类目前活动引起的滑坡数量，已经大大超过了自然产生的滑坡数量。

滑坡、崩塌与泥石流的关系也十分密切，易发生滑坡、崩塌的区域也

易发生泥石流，只不过泥石流的暴发多了一项必不可少的水源条件。再者，崩塌和滑坡的物质经常是泥石流的重要固体物质来源。滑坡、崩塌还常常在运动过程中直接转化为泥石流，或者滑坡、崩塌发生一段时间后，其堆积物在一定的水源条件下生成泥石流。即泥石流是滑坡和崩塌的次生灾害。泥石流与滑坡、崩塌有着许多相同的促发因素。

小贴士

随着经济的发展，人类越来越多的工程活动破坏了自然坡体，因而近年来滑坡的发生越来越频繁，并有愈演愈烈的趋势，我们应加以重视，减少因人为因素产生滑坡等地质灾害。

# 3.滑坡发生前有何征兆?

安全博士讲堂

不同类型、不同性质、不同特点的滑坡在滑动之前，会表现出不同的异常现象，显示出滑坡的预兆。归纳起来常见的有如下几种：

（1）大滑动之前，在滑坡前缘坡脚处，有堵塞多年的泉水复活现象，或者出现泉水（井水）突然干枯，井（钻孔）水水位突变等类似的异常现象。

（2）在滑坡体中，前部出现横向及纵向放射状裂缝，它反映了滑坡体向前推挤并受到阻碍，已进入临滑状态。

（3）大滑动之前，滑坡体前缘坡脚处，土体出现上隆（凸起）现象，这是滑坡明显向前推挤的现象。

（4）大滑动之前，有岩石开裂或被剪切挤压的声响。这种现象反映了深部变形与破裂。动物对此十分敏感，有异常反应。

（5）临滑之前，滑坡体四周岩（土）体会出现小型崩塌和松弛现象。

（6）滑坡后缘的裂缝急剧扩展，并从裂缝中冒出热气或冷风。

（7）临滑之前，在滑坡体范围内的动物惊恐异常，植物改要常态。如猪、狗、牛惊恐不宁、不入睡，老鼠乱窜不进洞，树木枯萎或歪斜等。

小贴士

滑坡发生前有许多征兆，只要细心观察，很容易识别。泥土疏松、植被稀疏、坡度较大的山坡，是最有可能发生滑坡灾害的危险区，平时一定要注意观察，小心警惕。

滑坡到来前周围事物会有一些变化，我们可以适当注意。当斜坡局部沉陷，而且该沉陷与地下存在的洞室以及地面较厚的人工填土无关时，将有可能发生滑坡；山坡上建筑物变形，而且变形构筑物在空间展布上具有一定的规律，将有可能发生滑坡；泉水、井水的水质浑浊，原本干燥的地方突然渗水或出现蓄水池大量漏水时，将有可能发生滑坡；地下发生异常响声，同时家禽、家畜有异常反应的，将有可能发生滑坡。

# 4.滑坡有哪些危害？

安全博士讲堂

滑坡常常给工农业生产以及人民生命财产造成巨大损失，有的甚至是毁灭性的灾难。

滑坡对乡村最主要的危害是摧毁农田、房舍，伤害人畜，毁坏森林、道路以及农业机械设施和水利水电设施等，有时甚至给乡村造成毁灭性灾难。

位于城镇的滑坡常常砸埋房屋，伤亡人畜，毁坏田地，摧毁工厂、学校、机关单位等，并毁坏各种设施，造成停电、停水、停工，有时甚至毁灭整个城镇。

滑坡对道路也会产生影响，能直接埋没车站、铁路和公路，摧毁路基、桥梁，导致交通中断。滑坡能堵塞河道，形成堰塞湖，也可能冲毁大坝和水渠，淤积水库，影响航运、水利和水电工程的正常运行。

发生在工矿区的滑坡，可摧毁矿山设施，伤亡职工，毁坏厂房，使矿山停工停产，常常造成重大损失。

小贴士

滑坡是灾害性的地质现象，暴发突然，来势凶猛，很短时间内会造成地表大量岩石的移动，所到之处，一切尽被摧毁。滑坡会对人类的生命健康和经济财产产生巨大的危害。因此，我们应当积极预防和治理滑坡等地质灾害。

# 5.什么是泥石流？

安全故事会

2010年8月7日22时许，甘南藏族自治州舟曲县突降强降雨，县城北面的罗家峪、三眼峪泥石流下泄，由北向南冲向县城，造成沿河房屋被冲毁，泥石流阻断白龙江，形成堰塞湖。

安全博士讲堂

泥石流是山区沟谷中，由暴雨、冰雪融水等水源激发的，含有大量的泥沙、石块的特殊洪流。其特征往往突然暴发，浑浊的流体沿着陡峻的山沟前推后拥，奔腾咆哮而下，地面为之震动，山谷发生雷鸣般声音。在很短时间内将大量泥沙、石块冲出沟外，在宽阔的堆积区横冲直撞、漫流堆积，常常给人类生命财产造成重大危害。

泥石流流动的全过程一般只有几个小时，短的只有几分钟。泥石流是一种广泛分布于世界各国的一些具有特殊地形、地貌状况地区的自然灾害，是山区沟谷或山地坡面上，由暴雨、冰雪融化等水源激发的、含有大量泥沙石块的介于挟沙水流和滑坡之间的土、水、气混合流。泥石流大多伴随山区洪水而发生。它与一般洪水的区别是洪流中含有足够数量的泥、沙、石等固体碎屑物，其体积含量最少为15%，最高可达80%左右，因此比洪水更具有破坏力。

泥石流的主要危害是冲毁城镇、企事业单位、工厂、矿山、乡村，造成人畜伤亡，破坏房屋及其他工程设施，破坏农作物、林木及耕地。此外，泥石流有时也会淤塞河道，不但阻断航运，还可能引起水灾。影响泥石流强度的因素较多，如泥石流容量、流速、流量等，其中泥石流流量对泥石流成灾程度的影响最为主要。此外，多种人为活动也在多方面加剧上述因素的作用，促进泥石流的形成。

小贴士

连续降暴雨或突降大暴雨，山区会山洪暴发。如果山高、坡陡、谷深，乱石或沙土遍野，大量土石混入山洪之中，就形成黏稠浑浊的泥石流。泥石流经常突然暴发，来势凶猛，可携带巨大的石块，并以高速前进，具有强大的能量，因而破坏性极大。它不仅可以冲毁所经路程碰到的一切，还可掩埋乡镇农田，阻塞河流。泥石流灾害的特点是规模大、危害严重；活动频繁、危及面广；且重复成灾。

# 6.泥石流形成的原因是什么？

安全博士讲堂

泥石流的形成需要短时间内提供大量水源。因此，暴雨和冰雪融化，是泥石流灾害暴发的直接原因。雨水或雪水混合着大量泥沙和岩石，沿着山坡或山谷高速流动，破坏性极大。

自然和人为活动都能破坏山体的结构，形成大量松散的泥沙和石块，这是造成泥石流灾害的物质条件。

岩石的风化是自然状态下既有的，在这个风化过程中，既有氧气、二氧化碳等物质对岩石的分解，也有因为降水中吸收了空气中的酸性物质而产生的对岩石的分解，也有地表植被分泌的物质对土壤下的岩石层的分解，还有就是霜冻对土壤形成的冻结和溶解造成的土壤松动。这些原因都能造成土壤层的增厚和土壤层的松动。

地震和火山爆发能破坏山坡岩石的稳定结构，疏松的岩石、泥土一旦被暴雨和冰雪融水冲刷，极易形成大规模的泥石流。人为活动，比如取土、采石、开山修路、毁林开荒，造成植被破坏、水土流失，在暴雨季节常常导致泥石流。

小贴士

人类工程活动对地表地形的改造，已经超过自然力量的影响，世界上一半以上的滑坡由人为因素引起，采矿废渣、人工开挖等导致的泥石流灾害屡见不鲜。人类活动已经成为影响环境的重要因素。

# 7.我国泥石流的多发地区和季节是什么?

**安全故事会**

据统计，我国每年有近百座县城受到泥石流的直接威胁和危害；有20条铁路干线的走向经过1400余条泥石流分布范围。1949年以来，我国先后发生中断铁路运行的泥石流灾害300余起，有33个车站被淤埋。在我国的公路网中，以川藏、川滇、川陕、川甘等线路的泥石流灾害最严重，仅川藏公路沿线就有泥石流沟1000余条，先后发生泥石流灾害400余起，每年因泥石流灾害阻碍车辆行驶时间长达1～6个月。泥石流还对一些河流航道造成严重危害，如金沙江中下游、雅砻江中下游和嘉陵江中下游等。泥石流还对修建于河道上的水电工程造成浪大危害，如云南省近几年受泥石流冲毁的中、小型水电站达360余座、水库50余座；上千座水库因泥石流活动而严重淤积，造成巨大的经济损失。

**安全博士讲堂**

我国泥石流的分布，明显受地形、地质和降水条件的控制。特别是在地形条件上表现得更为明显。

泥石流在我国集中分布在两个带上。一是青藏高原与次一级的高原与盆地之间的接触带；另一个是上述的高原、盆地与东部的低山丘陵或平原的过渡带。泥石流的分布还与大气降水、冰雪融化的显著特征密切相关，即高频率的泥石流，主要分布在气候干湿季较明显、较暖湿、局部暴雨强大、雪水融化快的地区。如云南、四川、甘肃、西藏等。低频率的稀性泥石流主要分布在东北和南方地区。

泥石流发生的时间具有如下三个规律：

第一，季节性。我国泥石流的暴发主要是受连续降雨、暴雨，尤其是特大暴雨、集中降雨的激发。因此，泥石流发生的时间规律与集中降雨时间规律相一致，具有明显的季节性。一般发生在多雨的夏秋季节。因集中降雨的时间的差异而有所不同。

第二，周期性。泥石流的发生受暴雨、洪水、地震的影响，而暴雨、洪水、地震总是周期性地出现。因此，泥石流的发生和发展也具有一定的周期性，且其活动周期与暴雨、洪水、地震的活动周期大体一致。当暴雨、洪水两者的活动周期相叠加时，常常形成泥石流活动的一个高潮。

第三，泥石流的发生，一般是在一次降雨的高峰期，或是在连续降雨稍后。

小贴士

我国西南和西北部的山区和丘陵是泥石流灾害多发地区。西南地区，如四川、云南和贵州等省的降雨集中在6~9月，其泥石流也多发于6~9月；西北地区降雨多集中在7~8月，其泥石流也多发于7~8月。可见，泥石流易发季节和雨季是同步的。

# 8.泥石流发生前有何征兆？

安全博士讲堂

泥石流灾害暴发时，比滑坡灾害更加突然、迅猛。一般情况下，人们在短时间内很难对泥石流灾害是否发生进行正确判断。因此，我们常常可以从自然环境和气象条件来识别某地区是否存在发生泥石流灾害的危险。

（1）暴雨和长时间的降雨都可以提供充足的水源，容易引发泥石流。

（2）暴雨过后山谷中若出现雷鸣般的响声，预示着将会有泥石流发生。

（3）堆积有疏松的碎石、泥土的陡坡和山谷容易发生泥石流。

（4）滑坡可以为泥石流提供物质条件，在滑坡发生后，若有长时间降雨，一定要警惕暴发泥石流。

当我们发现河谷里已有泥石流形成时，应及时通知大家转移。在逃离过程中，应照顾好老弱病残者，暴雨时不要在山谷中行走或者听到山谷中有声响而毫不在意。

小贴士

暴雨过后，如果山谷中出现类似火车轰鸣或闷雷般的响声，沟谷中变得昏暗，并伴随着轻微的震动感，则说明泥石流可能已经发生，它在山谷中流动，导致轰鸣声和震动。此时，必须尽快寻找稳定的高处躲避，千万不要继续留在山谷中。

地震或暴雨过后，河水水位下降异常，很可能是因为上游河道被滑坡或泥石流堵塞形成了堰塞湖。

# 9.可能诱发泥石流的人类活动有哪些？

安全博士讲堂

由于工农业生产的发展，人类对自然资源的开发程度和规模也在不断发展。当人类经济活动违反自然规律时，必然引起大自然的报复。有些泥石流的发生，就是由于人类不合理的开发而造成的。近年来，因为人为因素诱发的泥石流数量正在不断增加。可能诱发泥石流的人类工程经济活动主要有三个方面：

一是修建铁路、公路、水渠以及其他工程建筑的不合理开挖。有些泥石流就是在修建公路、水渠、铁路以及其他建筑活动，破坏了山坡表面后而形成的。如云南省东川至昆明公路的老干沟，因修公路及水渠，使山体破坏，加之1966年犀牛山地震又形成崩塌、滑坡，致使泥石流更加严重。

二是不合理的弃土、弃渣、采石。由于这种行为形成的泥石流的事例很多。如四川省冕宁县泸沽铁矿汉罗沟，因不合理堆放弃土、矿渣，1972年一场大雨暴发了矿山泥石流，冲出松散固体物质约10万立方米，淤埋成昆铁路300米和喜（德）—西（昌）公路250米，致使行车中断，给交通运输带来严重损失。

三是滥伐乱垦。滥伐乱垦会使植被消失，山坡失去保护，土体疏松，冲沟发育，大大加重水土流失，进而山坡的稳定性被破坏，崩塌、滑坡等不良地质现象发生，结果就很容易产生泥石流。例如，甘肃省白龙江中游现在是我国著名的泥石流多发区。而在一千多年前，那里竹树茂密、山清水秀，后因伐木烧炭，烧山开荒，森林被破坏，才造成泥石流泛滥。

岩石的风化是自然状态下既有的，在这个风化过程中，既有氧气、二氧化碳等物质对岩石的分解，也有因为降水中吸收了空气中的酸性物质而产生的对岩石的分解，也有地表植被分泌的物质对土壤下的岩石层的分解，还有就是霜冻对土壤形成的冻结和溶解造成的土壤的松动。这些原因都能造成土壤层的增厚和土壤层的松动。然而，近年来由于人类不合理的经济开发活动，使得泥石流灾害的发生更加频繁。因毁林开荒而发生泥石流，毁坏了村庄、公路，造成人民生命财产的严重损失。

青少年同学们应该从小事做起，提醒自己和身边的人尽量不要做破坏环境的事，降低灾害发生的可能性。

# 10.泥石流有哪些危害?

安全博士讲堂

泥石流常常具有暴发突然、来势凶猛、迅速之特点。并兼有崩塌、滑坡和洪水破坏的双重作用,其危害程度比单一的崩塌、滑坡和洪水的危害更为广泛和严重。它对人类的危害具体表现在四个方面:

一是对居民点的危害。泥石流最常见的危害之一,是冲进乡村、城镇,摧毁房屋、工厂、企事业单位及其他场所设施,淹没人畜、毁坏土地,甚至造成村毁人亡的灾难。

二是对公路和铁路的危害。泥石流可直接埋没车站、铁路、公路,摧毁路基、桥涵等设施,致使交通中断,还可引起正在运行的火车、汽车颠覆,造成重大的人身伤亡事故。有时泥石流汇入河道,引起河道大幅度变迁,间接毁坏公路、铁路及其他建筑物,甚至迫使道路改线,造成巨大的经济损失。

三是对水利水电工程的危害。主要是冲毁水电站、引水渠道及过沟建筑物,并淤积水库、磨蚀坝面等。

四是对矿山的危害。主要是摧毁矿山及其设施,淤埋矿山坑道,伤害矿山人员,造成停工停产,甚至使矿山报废。

# 11.如何预防滑坡与泥石流?

安全博士讲堂

滑坡与泥石流暴发往往非常突然,灾前应变时间十分短暂。因此,平

时根据滑坡与泥石流产生的条件，调查、判断日常生活地区的哪些地点可能发生危险，对预防滑坡与泥石流灾害至关重要。

暴雨季节出行前一定要收听当地天气预报，不要在大雨天或连绵阴雨时进入山区和沟谷游玩、工作。

尽量不要进入地质灾害危险区。居住地附近若存在地质灾害危险区，平时一定要密切关注滑坡与泥石流发生的征兆，提前设计好逃生路线，制定应急方案。

在裸露的山坡上植树造林，不要随意进行采石、取土以及修建房屋、筑路建渠等工程建设，应选择结实稳固的平地，尽可能避开滑坡与泥石流危险区。实在不能避开的，要选用相对安全、平坦的场地，并采取各种措施进行治理加固，注意随时开展监测和预警工作。

滑坡的防治要贯彻"及早发现，预防为主；查明情况，综合治理；力求根治，不留后患"的原则，并结合边坡失稳的因素和滑坡形成的内外部条件。我国防治滑坡的工程措施很多，归纳起来可分为三类：一是消除或减轻水的危害；二是改变滑坡体的外形，设置抗滑建筑物；三是改善滑动带的土石性质。

因为滑坡的发生常和水的作用有关，所以水的作用往往是引起滑坡的主要因素，因此，消除和减轻水对边坡的危害尤其重要，具体做法有：防止外围地表水进入滑坡区，可在滑坡边界修截水沟；在滑坡区内，可在坡面修筑排水沟。在覆盖层上可用浆砌片石或人造植被铺盖，防止地表水下渗。对于岩质边坡还可用喷混凝土护面或挂钢筋网喷混凝土。总之，排除地下水的措施很多，应根据边坡的地质结构特征和水文地质条件加以选择。

常用的减轻或避防泥石流的工程措施主要有：

（1）跨越工程。是指修建桥梁、涵洞，从泥石流沟的上方跨越通过，让泥石流在其下方排泄，以避防泥石流。

（2）穿过工程。指修隧道、明洞或渡槽，从泥石流的下方通过，而让泥石流从其上方排泄。

（3）防护工程。指对泥石流地区的桥梁、隧道、路基及泥石流集中的山区变迁型河流的沿河线路或其他主要工程措施，起一定的防护建筑物作用，用以抵御或消除泥石流对主体建筑物的冲刷、冲击、冲蚀和淤埋等危害的工程。

（4）排导工程。其作用是改善泥石流流势，增大桥梁等建筑物的排泄能力，使泥石流按设计意图顺利排泄。

（5）拦挡工程。用以控制泥石流的固体物质和暴雨、洪水径流，削弱泥石流的流量、下泄量和能量，以减少泥石流对下游建筑工程的冲刷、撞击和淤埋等危害。

由于滑坡成因复杂，影响因素多，因此需要多种方法同时使用、综合治理，方能达到目的。对于防治泥石流采用多种措施比用单一措施更为有效。预防滑坡和泥石流等地质灾害，必须要了解所处地区的自然环境和地质条件，在易发地和易发季节时刻保持警惕，掌握必要的避险、逃生知识和技能。以便在滑坡和泥石流等地质灾害发生时最大限度地保护自己，救助他人，减少人员伤亡和经济损失。

# 12.滑坡灾害发生时应该如何自救？

当滑坡灾害发生时，至少应当做到如下几点：

（1）当处在滑坡体上时，首先应保持冷静，不能慌乱。要迅速环顾四周，向较安全的地段撤离。一般除高速滑坡外，只要行动迅速，都有可能逃离危险区段。跑离时，向两侧跑为最佳方向。在向下滑动的山坡中，向上或向下跑都是很危险的。当遇无法跑离的高速滑坡时，更不能慌乱，在一定条件下，如滑坡呈整体滑动时，原地不动，或抱住大树等物，不失为一种有效的自救措施。

（2）当处于非滑坡区，而发现可疑的滑坡活动时，应立即报告邻近的村、乡、县等有关政府或单位。

（3）政府部门应立即实施应急措施或计划，迅速组织群众撤离危险区及可能的影响区。并通知邻近的河谷、山沟中的人们作好撤离准备，并密切注视灾情的蔓延和变化。如滑坡常在暴雨、洪水中转化为泥石流灾害（次生灾害）。如果必要的话（需经有关专家或科技人员论证），应迅速设立观测点（站）或观测网，密切观注其变化动态，尽量做到防患于未然。

小贴士

无论遭遇滑坡、泥石流还是其他灾害，生命安全最重要。要保持镇定，不要慌乱，采取正确的逃生路线和方法，迅速逃离。1983年3月7日发生在甘肃省东乡县的著名的高速黄土滑坡——洒勒山滑坡中的幸存者就是在滑坡发生时，紧抱住滑坡体上的一棵大树而得以生存的。

# 13.泥石流灾害发生时应该如何自救?

泥石流以极快的速度，发出隆隆巨响穿过狭窄的山谷，倾泻而下。所到之处墙倒屋塌，一切物体都会被厚重、黏稠的泥石所覆盖。山坡、斜坡的岩石或土体在重力作用下，失去原有的稳定性而整体下滑。遇到泥石流滑坡害，采取脱险逃生的办法主要有：

灾

当处于泥石流区时，应迅速向泥石流沟两侧跑离，切记不能顺沟向上或向下跑动。一般黏性泥石流比稀性泥石流容易躲离和得生。前面所提的即为在黏性泥石流中得生的典型实例。而当处于非泥石流区时，则应立即报告该泥石流沟下游可能波及的村、乡、镇、县或工矿企业单位，密切观注泥石流的变化、发展趋势。

沿山谷徒步行走时，一旦遭遇大雨，发现山谷有异常的声音或听到警报时，要立即向坚固的高地或泥石流的旁侧山坡跑去，不要在谷地停留。一定要设法从房屋里跑出来，到开阔地带，尽可能防止被埋压。

发现泥石流后，要马上与泥石流成垂直方向一边的山坡上面爬，爬得越高越好，跑得越快越好，绝对不能向泥石流的流动方向走。发生山体滑坡时，同样要向垂直于滑坡的方向逃生。

要选择平整的高地作为营地，尽可能避开有滚石和大量堆积物的山坡，不要在山谷和河沟底部扎营。

小贴士

泥石流灾害发生时，我们可以迅速判断泥石流的前进方向，查看自己所处位置的危险情况。立即往泥石流两侧山坡上逃生，尽快寻找稳固的高处躲避，不要站在河岸或山坡上观看。来不及奔跑时，就地抱住身边的大树，尽量往上爬，千万不要躲在大石头后面。切勿沿着山沟、河谷跑动。

## 第三章　暴雨、雷电灾害

　　我国气候类型丰富多样，雷电天气十分频繁，雷电灾害也是我国最严重的自然灾害之一。雷电是常见的天气现象，但是未成年学生切不要小看它所带来的危害。大家都知道，富兰克林曾经用风筝在雷雨天气中捕捉到电，而现在科学早已证明，雷电天气会产生强烈的放电现象，如果人畜遭遇雷击，往往会造成严重的后果。因此，日常生活中，学生一定要谨慎预防雷电天气。那么，什么是雷电灾害？雷电灾害是怎么产生的？有哪些主要的种类？在雷电多发季节应该怎么预防雷电灾害？如何救助身边受到雷电伤害的人？

# 1.什么是雷电？

安全故事会

　　某日傍晚，一群学生放学走在路上，天突然下起了雷阵雨，闪电一个接一个，雷声一声一声地在人耳边炸响。学生们赶紧躲的躲，跑的跑。这时候，豆大的雨点掉了下来，小刚一看来不及了，赶紧跑到了一棵大树下避雨。哪知道，一道闪电划过天边后，一声炸雷响过，小刚被雷电击中。后被送注医院抢救，但由于伤势太重，最终不治身亡。

安全博士讲堂

　　当天空乌云密布时，突然一道夺目的闪光划破长空，接着传来震耳欲聋的巨响，这就是我们熟悉的闪电和打雷，又称雷电。雷，属于大气声学现象，而闪电则是大气中云层碰撞发生火花的放电现象。雷电灾害是指因雷雨云中的电能释放，直接击中或间接影响到人或者物体而造成损失的现象。

　　雷电是伴有闪电和雷鸣的一种雄伟壮观而又令人生畏的放电现象。雷电一般产生于对流发展旺盛的积雨云中，因此常伴有强烈的阵风和暴雨，有时还伴有冰雹和龙卷风。积雨云顶部一般较高，可达20公里，云的上部常有冰晶。冰晶的淞附、水滴的破碎以及空气对流等过程，使云中产生电荷。云中电荷的分布较复杂，但总体而言，云的上部以正电荷为主，下部以负电荷为主。因此，云的上、下部之间形成一个电位差。当电位差达到一定程度后，就会产生放电，这就是我们常见的闪电现象。闪电的平均电流是3万安培，最大电流可达30万安培。闪电的电压很高，约为1亿至10亿伏特。一个中等强度雷暴的功率可达1千万瓦，相当于一座小型核电站的输出功率。放电过程中，由于闪电通道中温度骤增，使空气体积急剧膨胀，从而产生冲击波，导致强烈的雷鸣。带有电荷的雷云与地面的突起物接近时，它们之间就发生激烈的放

电。在雷电放电地点会出现强烈的闪光和爆炸的轰鸣声。这就是人们见到和听到的闪电雷鸣。

雷电是不可避免的自然灾害。地球上任何时候都有雷电在活动。据统计，每秒钟全球会有1800阵雷雨，伴随600次闪电，其中就有100个炸雷击落地面，造成建筑物、发电、通信和影视设备的破坏，引起火灾，毙伤人、畜，每年经济损失约10亿美元，死亡3000人以上。其中美国每年有将近400人被雷击死，财产损失达2.6亿美元。1996年7月20日，印度东北地区雷雨不断，雷击中了比哈尔邦的一座校舍，造成15名小学生死亡，多人受伤。雷电还将树下5个人全部烧死，将另外4名在田间劳作的农民击死。

小贴士

雷电是一种自然界的放电现象，据统计，每年地球上空会出现31亿多次闪电，平均电流3万安培，最大电流可达30万安培。雷电多发生于春末和夏季。打雷时，可以释放出强大的电流，闪电可以使局部温度升高1万~2万摄氏度。这么大能量的破坏力可想而知。雷击能劈裂大树、房屋等物，甚至可以引起火灾、爆炸。

# 2.雷电是怎么产生的?

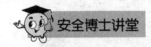 安全博士讲堂

强烈的对流性天气使云中产生电荷，云中的电荷分布很复杂。总的来说，云的上部以正电荷为主，中、下部以负电荷为主。因此，云的上、下层的电位差达到一定程度后，会发生火花放电，形成我们常见的闪电。放电过程中，狭窄的闪电通道中温度骤增，使空气体积急剧膨胀，产生冲击波，导致强烈的雷鸣。当云层很低时，可能形成云层—地面放电，这就是雷击。

简言之，雷电是大气中的放电现象，多形成在积雨云中，积雨云随着温度和气流的变化会下停地运动，运动中摩擦生电，就形成了带电荷的云层，某些云层带有正电荷，另一些云层带有负电荷。另外，由于静电感应常使云层下面的建筑物、树木等带有异性电荷。随着电荷的积累，雷云的电压逐渐升高，当带有不同电荷的雷云与大地凸出物相互接近到一定温度时，其间的电场超过 25～30kv/cm，将发生激烈的放电，同时出现强烈的闪光。由于放电时温度高达 2000℃，空气受热急剧膨胀，随之发生爆炸的轰鸣声，这就是闪电与雷鸣。

雷电的大小和多少以及活动情况，与各个地区的地形、气象条件及所处的纬度有关。一般山地雷电比平原多，沿海地区比大陆腹地多，建筑越高，遭雷击的机会也越多。

 小贴士

中国是一个多自然灾害的国家，跟地理位置有着不可分割的关系。雷电灾害在中国也不少，最为严重的是广东省以南的地

区，东莞、深圳、惠州一带的雷电自然灾害已经达到世界之最，这些地方是因为大气层位置比较偏低造成的。东莞近年来最为严重，雷电所带来的经济损失在夏季5～8月之间占东莞当季GDP亏损度比例的6%左右。

第三章

# 3.雷电灾害的危害有哪些？

## 安全故事会

我国是一个雷电灾害频发的国家。例如，山东临沂地区平均每年约有39人因雷击伤亡。又如，湖南省溆浦县戈竹坪乡山背村是个罕见的雷区，近10多年来曾先后被雷电击死8人，击伤115人（其中重伤24人），还击伤耕牛5头，击死、击伤猪50余头，击死鸡、鸭、鹅等家禽450多只。村里变压器也先后5次被雷电击毁，房屋、树木、庄稼和田地被毁数十次。1996年7月10日，湖北省随州市黄坑体育场内正在踢足球的12名青年集体遭到雷电袭击，当场死亡2人，6名重伤者全身乌紫，昏迷不醒，被送往医院抢救，意识障碍达10多个小时。因此，了解雷电的规律，掌握正确的预防措施和自救方法是十分必要的。

## 安全博士讲堂

雷电灾害是联合国公布的10种最严重的自然灾害之一，也是目前中国十大自然灾害之一。进入20世纪80年代以来，随着电子信息系统在居民生产、生活和工作中的广泛应用，雷电灾害造成的损失也越来越严重。中国有21个省、区、市雷暴日在50天以上，最多的可达134天。我国雷暴活动主要集中在每年的6月至8月。每年有三四千人因雷击伤亡，造成财产损失达到50亿～100亿元。

雷电主要危害途径一般分为直击雷、感应雷、雷电波侵入、雷电反击和球形雷，其中以雷电波沿线路侵入造成人员伤亡和设备损毁为重，占80％以上。全世界每年因雷击造成的人员伤亡超过1万人，造成的直接经济损失达200亿美元以上，是最严重的10种自然灾害之一。

雷电具有很大的破坏力，它不仅影响飞行器的安全，干扰无线电通讯，而且可能击毁建筑物、机械设备、电气机车等，甚至会导致放电现象而引起火灾、击伤、击毙人畜等。其中，最主要的危害如下：

（1）雷电产生的强大电流，瞬间通过物体时导致高温，引起燃烧、熔化，触及人畜时，会造成人畜伤亡。

（2）雷击的爆炸和静电作用能引起树林、电线杆、房屋等物体被劈裂倒塌。

（3）打雷放电时能产生数万摄氏度的高温，导致空气急剧膨胀扩散，产生的冲击波具有很大的破坏力。

（4）雷电流在周围空间形成强大的电磁场。电磁感应能使导体的开口处产生火花放电，如有易燃、易爆物品就会引起爆炸或燃烧。各种电力线、电话线、广播线受雷击会产生高压，使电器设备受损。

雷电对人体的伤害，由于电流的直接作用和超压或动力作用，以及高温作用，当人遭受雷电击的一瞬间，电流迅速通过人体，重者可导致心跳、呼吸停止、脑组织缺氧而死亡。另外，轻者会造成不同程度的皮肤烧灼伤。雷电击伤亦可使人体出现树枝状雷击纹，表皮剥脱，皮内出血，也能造成耳鼓膜或内脏破裂等。

小贴士

据统计，全世界每年约有10亿次雷暴发生，每秒钟的地闪就有30～100次，平均每天发生闪电800万次。雷暴天气带来的强降水、大风、强光、强电场、强电流、强声波、电磁脉冲辐射、无线电噪声等，对人类社会产生巨大的危害。全球每年因雷击造成损失达数百亿美元。

# 4.预防雷电的基本方法有哪些？

我们不能预测雷电的发生，因此采用有效的方法预防雷电显得尤为重要，常见的预防雷电方法有：

（1）建筑物上装设避雷装置。即利用避雷装置将雷电流引入大地而消失。

（2）在雷雨时，人不要靠近高压变电室、高压电线和孤立的高楼、烟囱、电杆、大树、旗杆等，更不要站在空旷的高地上或在大树下躲雨。

（3）不能用有金属立柱的雨伞。在郊区或露天操作时，不要使用金属工具，如铁撬棒等。

（4）不要穿潮湿的衣服靠近或站在露天金属商品的货垛上。

（5）雷雨天气时在高山顶上不要开手机，更不要使用手机。

（6）雷雨天不要触摸和接近避雷装置的接地导线。

（7）雷雨天，在户内应离开照明线、电话线、电视线等线路，以防雷电侵入被其伤害。

（8）在打雷下雨时，严禁在山顶或者高丘地带停留，更要切忌继续蹬往高处观赏雨景，应尽快躲在低洼处，或尽可能找房屋或干燥的洞穴躲避。

（9）雷雨天气时，要尽量摘下金属架眼镜、手表、裤带；若是骑车旅游要尽快离开自行车，亦应远离其他金属制物体，以免产生导电而被雷电击中。

（10）在雷雨天气，不要去江、河、湖边游泳、划船、垂钓等。

（11）在电闪雷鸣、风雨交加之时，若旅游者在旅店休息，应立即关掉室内的电视机、收录机、音响、空调机等电器，以避免产生导电。打雷时，在房间的正中央较为安全，切忌停留在电灯正下面，忌依靠在柱子、墙壁边、门窗边，以避免在打雷时产生感应电而发生意外。

小贴士

对于雷电这种自然灾害，人们虽然不能阻止它的产生，却可以通过相应措施来防御和减轻其对自己的伤害。目前人们的防雷安全意识还不强，存在麻痹和侥幸心理。特别在青少年中间，很多人缺乏安全常识。因此要大力普及防雷安全知识，使人们了解雷雨灾害的形成规律，掌握预防自救的方法和手段，保护自身生命安全。

# 5.在室内如何预防雷电？

安全故事会

　　1996年8月8日下午4时，广东河源市16岁的中学生孙某在家看电视，因电视接收天线有故障，便跑到楼顶摆弄天线，被雷电击中，不幸身亡。

安全博士讲堂

在室内预防雷电应当注意：

（1）注意收听天气预报，当预报有雷雨天气时，不要在楼（屋）顶停留。

（2）打雷时，要注意关闭门窗，防止侧击雷或球形雷进入室内。如果球形雷意外飘进室内，千万不要跑动，因为球形雷会跟随气流飘动。

（3）在室内，要停止收看、收听电视机或收音机，要切断电源，并把室外天线与电视机脱离，电灯和其他电器最好都暂停使用，也不要打电话。

（4）如发现线路被雷击断，在无法判断是否已经停电时，不要贸然触碰。在通知和等待电工前来检查处理的同时，要看好现场，不要让人或牲畜接近。

（5）在雷击时不宜接近室内裸露的金属物，如门、窗、水管、暖气管、煤气管等，应远离专门的避雷针接地引下线，也不要赤脚站在泥地或水泥地上，最好脚下垫上不导电的物品坐在木椅子上。如果穿橡胶鞋也有助于绝缘。

（6）不要在雷电交加时使用喷头淋浴，更不要使用太阳能热水器。

（7）电视机的室外天线在雷雨天要与电视机脱离，并与接地线连接。

（8）雷暴时，人体最好离开可能传来雷电侵入波的线路和设备1.5米以上。也就是说，尽量暂时不用电器，最好拔掉电源插头；要尽量离开电源线、电话线、广播线，以防止这些线路和设备对人体二次放电。

（9）不要穿潮湿的衣服，不要靠近潮湿的墙壁。

# 6.在野外如何预防雷电？

安全博士讲堂

雷电通常会击中户外最高的物体尖顶，所以孤立的高大树木或建筑物往往最易遭雷击。

如果在野外遇到雷雨天应遵守以下规则，以确保安全：

（1）雷雨天气时不要停留在高楼平台上，在户外空旷处不宜进入孤立的棚屋、岗亭等。

（2）远离建筑物外露的水管、煤气管等金属物体及电力设备。

（3）不宜在大树下躲避雷雨，如万不得已，则须与树干保持3米远距离，下蹲并双腿靠拢。

（4）如果在雷电交加时，头、颈、手处有蚂蚁爬走感，头发竖起，说明将发生雷击，应赶紧趴在地上，这样可以减少遭雷击的危险，并摘去身上佩戴的金属饰品，如发卡、项链等。

（5）如果在户外遭遇雷雨，来不及离开高大物体时，应马上找些干燥的绝缘物放在地上，并将双脚合拢坐在上面，切勿将脚放在绝缘物以外的地面上，因为水能导电。

（6）在户外躲避雷雨时，应注意不要用手撑地，同时双手抱膝，胸口紧贴膝盖，尽量低下头，因为头部较之身体其他部位最易遭到雷击。

（7）当在户外看见闪电，几秒钟内就听见雷声时，说明正处于近雷暴的危险环境，此时应停止行走，两脚并拢并立即下蹲，不要与人拉在一起，最好使用塑料雨具、雨衣等。

（8）在雷雨天气中，不宜在旷野中打伞，或高举羽毛球拍、高尔夫球棍、锄头等；不宜进行户外球类运动，雷暴天气进行高尔夫球、足球等运动是非常危险的；不宜在水面和水边停留；不宜在河边洗衣服、钓鱼、游泳、玩耍。

（9）在雷雨天气中，不宜快速开摩托、快骑自行车和在雨中狂奔，因为身体的跨步越大，电压就越大，也越容易被击伤。

（10）如果在户外看到高压线遭雷击断裂，此时应提高警惕，因为高压线断点附近存在跨步电压，身处附近的人此时千万不要跑动，而应双脚并拢，跳离现场。

小贴士

以下几点还值得未成年学生注意：

（1）为了防止雷击事故和跨步电压伤人，要远离建筑物的避雷针及其接地引下线。

（2）要远离各种天线、电线杆、高塔、烟囱、旗杆，如有条件应进入有宽大金属构架、有防雷设施的建筑物或金属壳的汽车和船只，但是帆布篷车和拖拉机、摩托车等在雷电发生时是比较危险的，应尽快离开。

（3）应尽量离开山丘、海滨、河边、池旁；应尽快离开铁丝网、金属晒衣绳、孤独的树木和没有防雷装置的孤立的小建筑等。

（4）雷雨天气尽量不要在旷野里行走。如果有急事需要赶路时，要穿塑料等不浸水的雨衣；要走得慢些，步子小点；不要骑在牲畜上或自行车上行走；不要用金属杆的雨伞，不要把带有金属杆的工具如铁锹、锄头扛在肩上。

# 7.未成年学生在雷电天气应该避免哪些行为？

安全博士讲堂

　　既然雷电天气有着非常巨大的危害性，那么，学生一定要学会正确防雷电。在打雷下雨时，尽量待在屋里，关好门窗，不要随便外出，要将家里电器的插座拔掉。如果学生是在外面，要尽早到安全地方躲避，不要在大树、广告牌或者电线杆下躲避，防止发生雷击危险，或上述物品掉下来砸伤人。另外，在雷电天气，不可以在水里玩耍或者划船。最重要的，学生千万不要抱着无所谓的心态，在打雷天气里依然上网或者打电话，这样很容易遭到雷击。正确的办法是将电脑关机，拔掉插座，将手机关机。这样，才能避免可能发生的危险。

青少年在雷电天气中如何才能避免或减少雷击伤亡，保障自己的安全呢？据专家介绍，雷击导致人员伤亡，主要发生在野外，建筑物附近，室内也时有发生。那么，我们要注意在雷电天气避免危险的行为，防范雷击的伤害。

# 8.对身边的雷击伤员如何救助？

 安全博士讲堂

一旦发现有人受雷击而烧伤或严重休克，他的身体是不带电的，抢救时不要有顾虑，应立即施救。

（1）如果发现有受雷击或触电的人员，应该赶快告诉家长、老师或是附近的大人，拨打120急救电话并进行施救。

（2）若伤者神志清醒，呼吸心跳均匀、正常，应让伤者就地平躺，认真观察伤者的变化，暂时不要让他站立或走动。

（3）人体在遭受雷击后，往往会出现"假死"状态，此时应采取紧急措施进行抢救。当伤者丧失意志时，要尝试把他唤醒。对呼吸停止、心搏存在者，应就地平躺解松衣扣，通畅气道，进行口对口人工呼吸，雷击

后进行人工呼吸的时间越早，对伤者的身体恢复越有利，因为人脑缺氧时间超过十几分钟就会有致命危险。

（4）若发现雷击伤员的心跳呼吸已经停止，应对伤者进行心脏按摩，并迅速通知医院进行抢救处理。

（5）如果伤者遭受雷击后引起衣服着火，此时应马上让伤者躺下，以使火焰不致烧伤面部，并往伤者身上泼水，或者用厚外衣、毯子等把伤者裹住，以扑灭火焰。

小贴士

若遇见有人遭雷击被烧伤或严重休克，我们一定要保持镇静。首先要拨打120或寻找大人报警。如果是触电者，可以用木棒、竹竿等将电线挑离触电者的身体，切记不要直接用手去拉伤者。若伤者已经失去知觉，但仍有呼吸和心跳，应让伤者舒适平躺、安静休息后，再送医院治疗。若伤者已停止呼吸或心脏跳动，应迅速对其进行口对口人工呼吸和心脏按摩，注意在送往医院的途中也不要中止心肺复苏的急救。

# 9.暴雨是如何形成的？

安全博士讲堂

暴雨是降水强度很大的雨。我国气象上规定，24小时降水量为50毫米或以上的强降雨称为"暴雨"。由于各地降水和地形特点不同，所以各地暴雨洪涝的标准也有所不同。特大暴雨是一种灾害性天气，往往造成洪涝灾害和严重的水土流失，导致工程损毁、堤防溃决和农作物被淹等重大的经济损失。特别是对于一些地势低洼、地形闭塞的地区，雨水不能迅速宣泄造成农田积水和土壤水分过度饱和，会造成较多的地质灾害。

暴雨常常是从积雨云中落下的。形成积雨云的条件是大气中含有充足的水汽，并有强烈的上升运动，把水汽迅速向上输送，云内的水滴受上升运动的影响不断增大，直到上升气流托不住时，就急剧地降落到地面。积雨云体积通常相当庞大，一块块的积雨云就是暴雨区中的降水单位，虽然每块单位水平范围只有1～20千米，但它们排列起来，可形成100～200千米宽的雨带。一团团的积雨云就像一座座的高山峻岭，强烈发展时，从离地面0.4～1千米高处一直伸展到10千米以上的高空。越往高空，温度越低，常达零下十几摄氏度，甚至更低，云上部的水滴就要结冰，人们在地面用肉眼看到云顶的丝缕状白带，正是高空的冰晶、雪花飞舞所致。地面上是大雨倾盆的夏日，高空却是白雪纷飞的严冬。

小贴士

暴雨形成的过程是相当复杂的，一般从宏观物理条件来说，产生暴雨的主要物理条件是源源不断充足的水汽、强盛而持久的气流上升运动和大气层结构的不稳定。引起中国大范围暴雨的天气系统主要有锋、气旋、切变线、低涡、槽、台风、东风波和热带辐合带等。此外，在干旱与半干旱的局部地区热力性雷阵雨也可造成短历时、小面积的特大暴雨。

# 10.暴雨的危害有哪些?

安全博士讲堂

暴雨是指大气中降落到地面的水量每日达到50～100毫米的降雨，降雨量每日超过100毫米的为大暴雨，超过200毫米的为特大暴雨。暴雨来得快，雨势猛，尤其是大范围持续性暴雨和集中的特大暴雨，不仅影响工农业生产，而且可能危害人民的生命，造成严重的经济损失。暴雨的危害主要有两种：

（1）渍涝危害。由于暴雨急而大，排水不畅易引起积水成涝，土壤孔隙被水充满，造成陆生植物根系缺氧，使根系生理活动受到抑制，产生有毒物质，使作物受害而减产。

（2）洪涝灾害。由暴雨引起的洪涝淹没作物，使作物新陈代谢难以正常进行而发生各种伤害，淹水越深，淹没时间越长，危害越严重。特大暴雨引起的山洪暴发、河流泛滥，不仅危害农作物、果树、林业和渔业，还冲毁农舍和工农业设施，甚至造成人畜伤亡，经济损失严重。我国历史上的洪涝灾害，几乎都是由暴雨引起的，像1954年7月长江流域大洪涝，1963年8月河北的洪水，1975年9月河南大涝灾，1998年我国全流域特大洪涝灾害等都是由暴雨引起的。

# 11.对于暴雨的防护措施有哪些？

暴雨多发期，青少年要注意报纸、电视等播发的水情消息，尤其是广播的即时通告。出行在外，更要注意收听当地电台的交通广播，及时了解所在城市的雨情，以免被水围困。应急要点有：

（1）预防居民住房发生小内涝，可因地制宜，在家门口放置挡水板、堆置沙袋或堆砌土坎。

（2）室外积水漫入室内时，应立即切断电源，防止积水带电伤人。

（3）在户外积水中行走时，要注意观察，贴近建筑物行走，防止跌入窨井、地坑等。

（4）驾驶员遇到路面或立交桥下积水过深时，应尽量绕行，避免强行通过。

专家提示：

（1）不要将垃圾、杂物丢入马路下水道，以防堵塞，积水成灾。

（2）家住平房的居民应在雨季来临之前检查房屋，维修房顶。

（3）暴雨期间尽量不要外出，必须外出时应尽可能绕过积水严重的地段。

（4）在山区旅游时，注意防范山洪。尤其是上游来水突然混浊、水位上涨较快时，须特别注意。

小贴士

暴雨是分级别的。暴雨一般是指每小时降雨量16毫米以上，或连续12小时降雨量30毫米以上，或连续24小时降雨量50毫米以上的降水。我国气象上规定，24小时降水量为50毫米或以上的雨称为"暴雨"。按其降水强度大小又分为三个等级，即24小时降水量为50～99.9毫米称"暴雨"；100～200毫米以下为"大暴雨"；200毫米以上称"特大暴雨"。

# 第四章  大风灾害

　　大风是一种灾害性天气，给人们的生活带来许多不便，大风可以吹倒房屋，拔倒大树、电线杆等，严重时还能造成巨大的生命财产损失。因此，在日常生活中，学生一定要注意预防大风天气。什么是大风灾害？什么是台风灾害？什么是龙卷风灾害？它们都有哪些危害？我们应该采取哪些防御措施？

# 1.什么是大风灾害？

安全故事会

　　2006年的某日下午，正值学生放学回家的时候，天突然刮起了大风，狂风呼啸，树木不停地摇晃，地面上的杂物被吹得到处都是。同学们赶紧躲到路边。这时候，小明跑到了路边的广告牌边，想要抓住牌子稳住身体。可是就在此时，一阵大风猛然吹来，广告牌被吹翻，小明正好被砸倒在广告牌之下。后来小明被送往医院抢救，可是由于伤势太重，不治身亡。

安全博士讲堂

　　大风是快速流动的空气，本义是很强劲的风。现在气象学中专指8级风，刮大风时陆地上树枝会被折断，迎风行走感觉阻力很大，海洋上，进港海船均停留不出。而促使空气流动的原因有很多种，按照大风生成的天气形势可将大风分为冷空气带来的大风、雷雨大风、台风和龙卷风等。我国气象观测业务中规定瞬时风速达到或超过8级时　（17m/s）称为大风；而在天气业务规范中则规定平均风速大于等于6级（10.8m/s）时为大风。

　　大风除有时会造成少量人口伤亡、失踪外，主要破坏房屋、车辆、船舶、树木、农作物以及通信设施、电力设施等，由此造成的灾害为风灾。大风灾害是人类依赖的自然界中所发生的异常现象，它具有自然和社会两重属性，是人类过去、现在、将来所面对的最严峻的挑战之一。当大风给人类社会带来危害时，即构成大风灾害。它通常是一种突发性的灾害，往往很短时间就会对人类的生产、生活造成较大伤害。

　　风灾包括台风、龙卷风以及沙尘暴等，它对人的生命构成威胁；对作物和树木产生机械损害，造成倒伏、折断、落果以及传播植物病虫害等；

严重的会破坏各种生产、生活设施；输送污染物等。由于风灾时常会带来雷雨、洪水、沙尘、海啸等伴生灾害，所以会大大影响人们的生产、生活。

小贴士

　　风，是人类不可缺少的朋友。夏天的凉风会令人舒适惬意，春天的和风使大自然充满诗意。然而，当狂风大作，任意肆虐时，大地生灵遭受灾难，人的生命受到威胁。面对风灾，我们只有掌握一些有关的知识和自救措施，才能保护我们的生命安全。

# 2.大风带来的灾害有哪些？

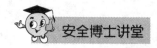

安全博士讲堂

　　大风灾害四季均有，频率高、范围广、灾情重，冬春季主要以寒潮大风为主，还伴有剧烈的降温。特别是在我国东南沿海省份，风灾是经常发生的。大风对城市高层建筑、电力设施、交通运输及人民生活都会造成很大的影响，主要危害如下：

　　（1）建筑物受损或倒塌。各类危旧房、工棚、临时建筑、围墙、广告牌、游乐设施、建筑施工中的吊机、电梯、脚手架等在强风中易被刮倒或刮断，造成人员伤亡。

　　（2）对供电系统造成影响。大风不仅会吹倒电线杆，使其折断，连万伏以上的高压

铁塔也有可能被吹倒损坏，造成停电事故或风灾。

（3）对交通产生影响。大风可颠覆车辆或使之失控和停驰。1979年新疆大山子三个泉强风把16节车厢吹翻。

（4）对大气环境的影响。冬春大风可刮起地面沙尘，使空气质量恶化。

小贴士

在大风天气里，不要在不安全的危旧房里停留；行走在路上也应该注意观察周围广告牌、灯箱等是否有脱落的迹象；此外，路过建筑工地时，更要注意高处建筑器材是否会坠落。在城市生活的人们，街上车多、人多，一定要注意行车安全，车速一定要慢，并且保持不要乱超车并线，以保障自己和他人的人身安全。

# 3.在大风天气里应注意哪些事项？

安全博士讲堂

面对大风天气，我们应当注意：

（1）留意天气预报，作好防风准备。

（2）大风天气，在施工工地附近行走时应尽量远离工地并快速通过。不要在高大建筑物、广告牌或大树的下方停留。

（3）及时加固门窗、围挡、棚架等易被风吹动的搭建物，妥善安置易受大风损坏的室外物品。

（4）机动车和非机动车驾驶员应减速慢行。

（5）立即停止高空、水上等户外作业；立即停止露天集体活动，并疏散人员。

（6）不要将车辆停在高楼、大树下方，以免玻璃、树枝等吹落造成车体损伤。

（7）应密切关注火灾隐患，以免发生火灾时火借风势，造成重大损失。

（8）老人和小孩切勿在大风天气外出。

　　大风有可能吹倒建筑物、高空设施，造成人员伤亡。居住在各类危旧住房、厂房、工棚的群众，在大风来临前，要及时转移到安全地带，不要在临时建筑（如围墙等）、广告牌、铁塔等附近避风、避雨。车辆尽量避免在强风影响区域行驶；大风会吹落高空物品，要及时搬移屋顶、窗口、阳台处的花盆、悬吊物等；在大风来临前，最好不要出门，以防遇到被砸、被压、触电等不测；检查门窗、室外空调、太阳能热水器等的安全，并及时进行加固；要准备手电、食物及饮用水，检查电路，注意炉火、煤气，防范火灾；在作好以上防风工作的同时还要作好防暴雨工作，因为大风过后往往有暴雨。

# 4.什么是台风？

　　2008年5月2日，缅甸遭到百年未遇的强台风袭击，仰光城一片狼藉，停电、停水、无通信、无汽油，仰光的大树一半以上被连根拔起和折断，房屋被树压垮、倒塌，屋顶被台风掀走，道路堵塞，场景十分凄惨。根据缅甸国家电视台和广播电台公布的官方数据，此次强台风灾害造成了7万多人丧生，多数遇难者被伴随风暴而来的洪水冲走。整个受灾地区超过5000平方公里，数

百万人无家可归。

 安全博士讲堂

台风（或飓风）是产生于热带洋面上的一种强烈热带气旋，只是随着发生地点、时间和叫法不同。台风是热带气旋的一个类别，在气象学上，按世界气象组织的定义，热带气旋中心持续风速达到12级称为飓风，飓风的名称使用在北大西洋及东太平洋；而北太平洋西部使用的近义字是台风。印度洋和在北太平洋西部、国际日期变更线以西，包括南中国海范围内发生的热带气旋称为"台风"；而在大西洋或北太平洋东部的热带气旋则称"飓风"。也就是说，台风在欧洲、北美一带称"飓风"，在东亚、东南亚一带称为"台风"；在孟加拉湾地区被称作"气旋性风暴"；在南半球则称"气旋"。在各种风灾中，台风的破坏力最强，是世界上最严重的自然灾害之一。

台风经过时常伴随着大风和暴雨或特大暴雨等强对流天气。风向在北半球地区呈逆时针方向旋转（在南半球则为顺时针方向）。在气象图上，台风的等压线和等温线近似为一组同心圆。台风中心为低压中心，以气流的垂直运动为主，台风眼附近为漩涡风雨区，风大雨大。

# 5.台风是如何形成的呢？

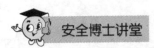 安全博士讲堂

台风的成因至今仍无法确定，但已知它是由热带大气内的扰动发展而来的。在热带海洋上，海面因受太阳直射而使海水温度升高，海水容易蒸发成水汽散布在空中，故热带海洋上的空气温度高、湿度大，这种空气因温度高而膨胀，致使密度减小，质量减轻，而赤道附近风力微弱，所以很容易上升，发生对流作用，同时周围较冷空气流入补充，然后再上升，

如此循环不已，终必使整个气柱皆为温度较高、重量较轻、密度较小之空气，这就形成了所谓的"热带低压"。然而空气之流动是自高气压流向低气压，就好像是水从高处流向低处一样，四周气压较高处的空气必向气压较低处流动，而形成风。

在夏季，因为太阳直射区域由赤道向北移，致使南半球之东南信风越过赤道转向成西南季风侵入北半球，和原来北半球的东北信风相遇，更迫挤此空气上升，增加对流作用，再因西南季风和东北信风方向不同，相遇时常造成波动和旋涡。这种西南季风和东北信风相遇所造成的辐合作用，和原来的对流作用继续不断，使已形成为低气压的旋涡继续加深，也就是使四周空气加快向旋涡中心流，流入愈快时，其风速就愈大；当近地面最大风速到达或超过每秒17.2公尺时，就形成了台风。

小贴士

在海洋面温度超过26℃以上的热带或副热带海洋上，由于近洋面气温高，大量空气膨胀上升，使近洋面气压降低，外围空气源源不断地补充流入且不断上升去。受地转偏向力的影响，流入的空气旋转起来。而上升空气膨胀变冷，其中的水汽冷却凝结形成水滴时，要放出热量，又促使低层空气不断上升。这样近洋面气压下降得更低，空气旋转得更加猛烈，最后形成了台风。

# 6.台风有哪些危害？

安全博士讲堂

前面已经说过台风是一种破坏力很强的灾害性天气，其危害性主要有三个方面：

（1）大风。台风中心附近最大风力一般为8级以上。

（2）暴雨。台风是最强的暴雨天气系统之一，在台风经过的地区，一般会产生15～300毫米降雨，少数台风能产生1000毫米以上的特大暴雨。1975年第3号台风在淮河上游产生的特大暴雨，创造了中国大陆地区暴雨极值，形成了河南"75.8"大洪水。

（3）风暴潮。一般台风能使沿岸海水产生增水，近几年的数场台风使我国江苏省沿海最大增水可达3米，超过历史的最高潮位，给人民群众的生命和财产带来极大的威胁与危害。

台风过境时常常带来狂风暴雨天气，引起海面巨浪，严重威胁航海安全。登陆后，可摧毁庄稼、各种建筑设施等，造成人民生命、财产的巨大损失。

小贴士

台风的监测和预报具有非常重要的作用和意义。但是我国对台风的监测和预报，和发达国家相比，还有一定的差距。所以，我们要不断提高台风监测和预报的技术水平，为减少台风带来的灾害提供技术上的保障。

# 7.台风预警信号有哪些？不同强度台风预防措施有何不同？

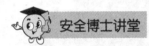

安全博士讲堂

台风预警信号根据逼近时间和强度分四级，分别以蓝色、黄色、橙色和红色表示。

一、台风蓝色预警信号

含义：24小时内可能受热带低压影响，平均风力可达6级以上，或阵风7级以上；或者已经受热带低压影响，平均风力为6～7级，或阵风7～8级并可能持续。

防御指南：

（1）作好防风准备。

（2）注意有关媒体报道的热带低压最新消息和有关防风通知。

（3）把门窗、围板、棚架、临时搭建物等易被风吹动的搭建物固定紧，妥善安置易受热带低压影响的室外物品。

二、台风黄色预警信号

含义：24小时内可能受热带风暴影响，平均风力可达8级以上，或阵风9级以上；或者已经受热带风暴影响，平均风力为8～9级，或阵风9～10级并可能持续。

防御指南：

（1）进入防风状态，建议幼儿园、托儿所停课。

（2）关紧门窗，处于危险地带和危房中的居民，以及船舶应到避风场所避风，通知高空、水上等户外作业人员停止作业，危险地带工作人员撤离。

（3）切断霓虹灯招牌及危险的室外电源。

（4）停止露天集体活动，立即疏散人员。

三、台风橙色预警信号

含义：12小时内可能受强热带风暴影响，平均风力可达10级以上，或阵风11级以上；或者已经受强热带风暴影响，平均风力为10～11级，或阵风11～12级并可能持续。

防御指南：

（1）进入紧急防风状态，建议中小学停课。

（2）居民切勿随意外出，确保老人小孩留在家中最安全的地方。

（3）相关应急处置部门和抢险单位加强值班，密切监视灾情，落实应对措施。

（4）停止室内大型集会，立即疏散人员。

（5）加固港口设施，防止船只走锚、搁浅和碰撞。

四、台风红色预警信号

含义：6小时内可能或者已经受台风影响，平均风力可达12级以上，或者已达12级以上并可能持续。

防御指南：

（1）进入特别紧急防风状态，建议停业、停课（除特殊行业）。

（2）人员应尽可能待在防风安全的地方，相关应急处置部门和抢险单位随时准备启动抢险应急方案。

（3）当台风中心经过时风力会减小或静止一段时间，切记强风将会突然吹袭，应继续留在安全处避风。

小贴士

台风分四级预警信号，分别以蓝色、黄色、橙色和红色表示，每一级代表不同的逼近时间和强度。作为一名未成年学生一定要收听收看各种气象预报，保持镇定心态。要听从老师和家长的安排，不可随意外出。

# 8.如何掌握防范台风灾害的避险技巧？

安全博士讲堂

提示一：千万别下海游泳

台风来时海滩浪潮涌，大浪极其凶猛，在海滩游泳是十分危险的，所以千万不要去下海。

提示二：受伤后不要盲目自救，请拨打120

台风中外伤、骨折、触电等急救事故较多。外伤主要是头部外伤，多是被刮倒的树木、电线杆或高空坠落物如花盆、瓦片等击伤。电击伤主要是被刮倒的电线击中，或踩到掩在树木下的电线。所以台风来临时不要打赤脚，穿雨靴最好，防雨同时起到绝缘作用，预防触电。走路时观察仔细再走，以免踩到电线。通过小巷时，也要留心，因为围墙、电线杆倒塌的事故很容易发生。尤其在高大建筑物下行走时注意躲避高空坠物。发生急救事故，先打120，不要擅自搬动伤员或自己找车急救。搬动不当，对骨折患者会造成神经损伤，严重时会发生瘫痪。

提示三：请尽可能远离建筑工地

居民经过建筑工地时最好稍微保持点距离，因为有的工地围墙经过雨水渗透，可能会松动；还有一些围栏，也可能倒塌；一些散落在高楼上没有及时收集的材料，譬如钢管、榔头等，说不定会被风吹下；而有塔吊的地方，更要注意安全，因为如果风大，塔吊臂有可能会折断。

提示四：长途出行建议乘坐火车

在航空、铁路、公路三种交通方式中，公路交通一般受台风影响最大。如果一定要长途出行，建议不要自己开车，可以选择坐火车。

提示五：为了自己和他人安全请检查家中门窗、阳台

台风来临前应将阳台、窗外的花盆等物品移入室内，居民用户应把门窗捆紧、拴牢，特别应对铝合金门窗采取防护，确保安全。市民出行时请注意远离迎风门窗，不要在大树下躲雨或停留。

台风期间，尽量不要外出行走，倘若不得不外出时，应弯腰将身体紧缩成一团，一定要穿上轻便防水的鞋子和颜色鲜艳、紧身合体的衣裤，把衣服扣扣好或用带子扎紧，以减少受风面积，并且要穿好雨衣，戴好雨

帽，系紧帽带，或者戴上头盔。行走时，应一步一步地慢慢走稳，顺风时绝对不能跑，否则就会停不下来，甚至有被刮走的危险；要尽可能抓住墙角、栅栏、柱子或其他稳固的固定物行走；在建筑物密集的街道行走时，要特别注意落下物或飞来

物，以免砸伤；走到拐弯处，要停下来观察一下再走，贸然行走很可能被刮起的飞来物击伤；经过狭窄的桥或高处时，最好伏下身爬行，否则极易被刮倒或落水。如果台风期间夹着暴雨，要注意路上水深，10岁以下儿童切不可在水中行走，应用盆或桶之类东西载着幼儿渡过水滩。万一不慎被刮入大海，应千方百计游回岸边，无法游回时也要尽可能寻找漂浮物，以待救援。

未成年学生一定要注意在台风来临时把家门口可能被冲走的东西都收进来，阳台上可能被吹走的东西也收进来，然后买适当的水和食物，以免刮台风时出不去，还要准备应急照明的东西，以免停电，然后躲在家里避灾，因为保证安全是最重要的。

# 9.台风来临时应注意哪些事项？

安全博士讲堂

我们在收到台风预警预报时应该作好相应的预防措施，以免受到损害：

（1）台风来临前，应准备好手电筒、收音机、食物、饮用水及常用药品等，以备急需。

（2）台风来临时，请待在安全的室内。如果是在室外，请尽快回到安全牢靠的房子里，并在路上注意高空坠落的物体，如倒树、花盆、广告招牌等，远离有幕墙的高楼。

（3）关好门窗，检查门窗是否结实。

（4）取下室外悬挂的东西；检查电路、炉火、煤气等设施是否安全。

（5）将养在室外的动植物及其他物品移至室内，特别是要将楼顶的杂物搬进来；室外易被吹动的东西要加固；不要去台风经过的地区旅游，更不要在台风影响期间到海滩游泳或驾船出海。

（6）住在低洼地区和危房中的人员要及时转移到安全住所。

（7）及时清理排水管道，保持排水畅通。

# 10.什么是龙卷风?

1999年5月27日，美国德克萨斯州中部，包括首府奥斯汀在内的4个县遭受特大龙卷风袭击，造成至少32人死亡，数十人受伤。在离奥斯汀市北部40英里的贾雷尔镇，有50多所房屋倒塌，30多人在龙卷风中丧生。遭到破坏的地区长达1英里，宽200码。这是继5月13日迈阿密市遭龙卷风袭击之后，美国又一处遭受龙卷风的地区。

**安全博士讲堂**

龙卷风，是一种强烈的、小范围的空气涡旋，是在极不稳定天气下由两股空气强烈相向对流运动，相互摩擦形成的空气漩涡。这种漩涡造成中心气压很低，而吸起地面的物体，抛向天空。龙卷风是在极不稳定天气下由空气强烈对流运动而产生的一种伴随着高速旋转的漏斗状云柱的强风涡旋，其中心附近风速可达100～200m/s，最大300m/s，比台风（产生于海上）近中心最大风速大好几倍。其破坏性极强。

龙卷风外貌奇特，它上部是一块乌黑或浓灰的积雨云，下部是下垂着的形如大象鼻子的漏斗状云柱，风速一般每秒50～100米，有时可达每秒300米。由雷暴云底伸展至地面的漏斗状云（龙卷）产生的强烈的旋风，其风力可达12级以上，最大可达100米每秒以上，一般伴有雷雨，有时也伴有冰雹。

龙卷风是从强对流积雨云中伸向地面的一种小范围强烈旋风。龙卷风出现时，往往有一个或数个如同"象鼻子"样的漏斗状云柱从云底向下伸展，同时伴随狂风暴雨、雷电或冰雹。龙卷风经过水面，能吸水上升，形成水柱，同云相接，俗称"龙吸水"。经过陆地，常会卷倒房屋，吹折电杆，甚至把人、畜和杂物吸卷到空中，带往他处。

小贴士

龙卷风是大气中最强烈的涡旋现象，影响范围虽小，但破坏力极大。它往往使成片庄稼、成万株果木瞬间被毁，令交通中断，房屋倒塌，人畜生命遭受损失。龙卷风的水平范围很小，直径从几米到几百米，平均为250米左右，最大为1千米左右。在空中直径可有几千米，最大有10千米。极大风速每小时可达150千米至450千米，龙卷风持续时间一般仅几分钟，最长不过几十分钟，但造成的灾害却很严重。

# 11.龙卷风的危害有哪些?

安全故事会

龙卷风的袭击突然而猛烈，产生的风是地面上最强的。在美国，龙卷风每年造成的死亡人数仅次于雷电。它对建筑的破坏也相当严重，经常是毁灭性的。1995年在美国俄克拉荷马州阿得莫尔市发生的一场龙卷风，诸如屋顶之类的重物被吹出几十英里之远。

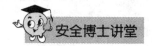

安全博士讲堂

龙卷风的主要危害如下：

（1）有可能吹倒建筑物、高空设施，易造成人员伤亡。如各类危旧住房、厂房、工棚、广告牌、铁塔等被吹倒，造成人员伤亡。

（2）会吹落高空物品，造成砸死砸伤事故。如阳台、屋顶上的花盆、太阳能热水器、屋顶杂物等容易被风吹落造成伤害。

（3）强风容易造成其他情况的人员死亡。如公路上行驶的车辆，特别是高速公路上的车辆被吹翻等造成伤亡。

# 12.龙卷风灾害的
# 避险自救方法有哪些?

安全博士讲堂

龙卷风灾害的避险自救方法主要有：

（1）在家时，务必远离门、窗和房屋的外围墙壁，躲到与龙卷风方向相反的墙壁或小房间内抱头蹲下。躲避龙卷风最安全的地方是地下室或半地下室。

（2）在电杆倒、房屋塌的紧急情况下，应及时切断电源，以防止电击人体或引起火灾。

（3）在野外遇龙卷风时，到气象台发出台风预报后，能离开台风经过地区的要尽早离开，否则应贮足罐头、饼干等食物和饮用水，并购足蜡烛、手电筒等照明用品，且应就近寻找低洼地伏于地面，但要远离大树、电杆，以免被砸、被压和触电。由于台风经过岛屿和海岸时破坏力最大，所以要尽可能远离海洋；在海边和河口低洼地区旅游时，应尽可能到远离海岸的坚固宾馆及台风庇护站躲避。

（4）汽车外出遇到龙卷风时，千万不能开车躲避，也不要在汽车中躲避，因为汽车对龙卷风几乎没有防御能力，应立即离开汽车，到低洼地躲避。

（5）龙卷风侵袭区最安全之处是混凝土建造的地下室。若途中遇龙卷风，应迅速找一个与龙卷风路径垂直的低洼地方（如水沟）隐蔽。

（6）船舶在航行中遭遇台风袭击，应主动采取应急措施，及时与岸上有关部门联系，弄清船只与台风的相对位置。还应尽快动员船员将船只驶入避风港，封住船舱，如是帆船，要尽早放下船帆；如果你是开车旅游，则应将车开到地下停车场或隐蔽处；如果你住在帐篷里，则应收起帐篷，到坚固结实的房屋中避风；如果你已经在结实房屋里，则应小心关好窗户，在窗玻璃上用胶布贴成米字图形，以防窗玻璃破碎。

**小贴士**

强台风过后不久，一定要在房子里或原先的藏身处待着不动。因为台风的"风眼"在上空掠过后，地面会风平浪静一段时

间，但绝不能以为风暴已经结束。通常，这种平静持续不到1个小时，风就会从相反的方向以雷霆万钧之势再度横扫过来，如果你是在户外躲避，那么此时就要转移到原来避风地的对侧。灾后需要注意环境卫生与食物、水的消毒工作。

# 第五章　洪水灾害

　　我国许多地区洪水灾害频繁发生，常常造成很大的人员伤亡和财产损失。自古以来，洪水给人类带来很多灾难，如古时候我国黄河下游和长江中下游常常泛滥成灾，造成重大损失。但有时洪水也有有益的一面，如尼罗河洪水定期泛滥，在下游三角洲平原淤积了肥沃泥沙，就非常有利于农业生产。那么，究竟什么是洪水和洪水灾害呢？面对突如其来的洪水，怎么做才可以保证自己的人身安全并能尽量帮助他人呢？如果有人溺水，我们应怎样进行急救呢？

# 1.什么是洪水灾害?

安全故事会

某年夏天，某地由于连续多日天降大雨，某村小学通往各户的一条主要道路被洪水淹没。学生放学后，在没有老师和家长陪同的情况下，依然顺着这条主要的道路回家。由于该路段上游的一个小水库蓄水量过大，决堤后洪水顺势流出，很多学生被洪水冲走，造成多名学生伤亡。

 安全博士讲堂

洪水是自然界的头号杀手，是地球最可怕的东西。洪水一词，在中国出自先秦《尚书·尧典》。该书记载了4000多年前黄河的洪水。据中国历史洪水调查资料显示，公元前206—1949年间，有1092年较大水灾的记录。在西亚的底格里斯—幼发拉底河以及非洲的尼罗河方面关于洪水的记载则可追溯到公元前40世纪。

洪水通常是指由暴雨、急骤融冰化雪、风暴潮等自然因素引起的江、河、湖、海水量迅速增加或水位迅猛上涨的水流现象。洪水常常威胁沿河、滨湖、近海地区人民的生命和财产安全，甚至造成淹没灾害。

洪灾是指一个流域内因集中大暴雨或长时间降雨，汇入河道的径流量超过其泄洪能力而漫溢两岸或造成堤坝决口导致泛滥的灾害。我国南方各省的洪灾多发于6月至9月。其中6月中旬至7月中旬的梅雨季节，7月中旬至9月的台风季节，都易暴发洪灾，致使农田受淹，村庄被冲，房屋倒塌，财产受损，甚至造成人员伤亡。

小贴士

洪水是我国主要的自然灾害之一。造成洪水灾害的原因主要是连续性的暴雨导致汇入河道的径流量超过了泄洪能力，发生堤坝决口或者河水漫溢而引发灾害。俗话说，"水火无情"。水是人类必不可少的资源，但是洪水灾害的发生却往往夺去很多人的生命。未成年学生一定要加强对洪涝灾害的重视程度，掌握面对洪涝灾害的自我保护知识，尽力减少或避免洪水对自己的侵害。

# 2.哪些地方容易受到洪水的威胁?

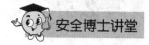

安全博士讲堂

洪水灾害具有明显的季节性、区域性和可重复性。世界上多数国家的洪水灾害多发生在下半年，我国的洪水灾害主要发生在每年的4月至9月，如长江中下游地区的洪水几乎全部发生在夏季。

在城市，原地不动等待水退是最有效的安全措施。要远离城市中的以下地带：危房里以及危房四周；危墙以及高墙旁边；洪水淹没的下水道；马路两边的下水井口；电线杆及高压电塔周围；化工厂以及储藏危险品的仓库。

在农村由于地形开阔，洪水会长驱直入，房屋也易倒塌，水灾中民众更易受到侵害。山地和坚固的建筑是唯一安全的。常见的危险地带有：河床、水库以及渠道、涵洞；行洪区、围垦区；危房中、危房上、危墙下；电线杆、高压电塔下。

小贴士

洪水是一种自然水文现象，直接威胁到人类安全，影响社会经济发展。一般情况下洪水由以下几种原因直接引发：强大的雷暴、龙卷风、热带风暴、季风、冰塞和融雪等。在沿海地区，热带风暴引发的风暴潮、海啸以及巨大的海潮造成的河水溢流也是洪水发生的原因，而当河水"夹带"大量的融雪注入湖水时，也会引发洪水。大坝坍塌会造成灾难性的大洪水。由于洪水产生的原因众多、造成的危害巨大，所以加强对洪水灾害的防范显得尤为重要和必要。

# 3.洪水来了该怎么办？

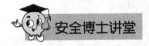

安全博士讲堂

洪水来临时，以下几点值得注意：

（1）不要惊慌，冷静观察水势和地势，然后迅速向附近的高地、楼房转移。如洪水来势很猛，附近无高地、楼房可避，可抓住有浮力的物品，如木盆、木椅、木板等。必要时爬上高树也可暂避。

（2）切记不要爬到土坯房的屋顶，因为这些房屋浸水后容易倒塌。

（3）为防止洪水涌入室内，最好用装满沙子、泥土和碎石的沙袋堵住大门下面的所有空隙。如预测洪水还要上涨，窗台外也要堆上沙袋。

（4）如洪水持续上涨，应注意在自己暂时栖身的地方储备一些食物、饮用水、保暖衣物和烧水用具。

（5）如水灾严重，所在之处已不安全，应考虑自制木筏逃生。床板、门板、箱子等都可用来制作木筏，划桨也必不可少。也可考虑使用一些废弃轮胎的内胎制成简易救生圈。逃生前要多收集些食物、发信号用具

（如哨子、手电筒、颜色鲜艳的旗帜或床单等）。

（6）如洪水没有漫过头顶，且周边树木比较密集，可考虑用绳子逃生。找一根比较结实且足够长的绳子（也可用床单、被单等撕开替代），先把绳子的一端拴在屋内较牢固的地方，然后牵着绳子走向最近的一棵树，把绳子在树上绕若干圈后再走向下一棵树，如此重复，逐渐转移到地势较高的地方。

（7）离开房屋逃生前，多吃些高热量食物，如巧克力、糖、甜点等，并喝些热饮料，以增强体力。注意关掉煤气阀、电源总开关。如时间允许，可将贵重物品用毛毯卷好，藏在柜子里。出门时关好房门，以免家产随水漂走。

小贴士

洪水易发季节一定要关注气象讯息，预先选定好紧急情况下躲避洪灾的地点和路线。发生洪水时首先要往地势高的地方跑，避免接触洪水。若已经被洪水包围，要积极寻求救援，千万不要游泳逃生，不要爬到泥坯房的屋顶，也不可攀爬电线杆、铁塔。

# 4.洪水到来时未成年学生应当如何自我保护？

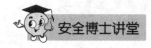
安全博士讲堂

洪水到来时未成年学生自我保护的方法主要有以下几方面：

（1）洪水到来时，来不及转移的学生，要就近迅速向山坡、高地、楼房、避洪台等地转移，或者立即爬上屋顶、楼房高层、大树等较高的地方暂避。

（2）如洪水继续上涨，暂避的地方已难自保，则要充分利用准备好的救生器材逃生，或者迅速找一些门板、桌椅、木床、大块的泡沫塑料等能漂浮的材料扎成筏逃生。

（3）如果已被洪水包围，要设法尽快与当地政府防汛部门取得联系，报告自己的方位和险情，积极寻求救援。

**注意：** 千万不要游泳逃生，不可攀爬带电的电线杆、铁塔，也不要爬到泥坯房的屋顶。

（4）如已被卷入洪水中，一定要尽可能抓住固定的或能漂浮的东西，寻找机会逃生。

（5）发现高压线铁塔倾斜或者电线断头下垂时，一定要迅速远避，防止直接触电或因地面"跨步电压"触电。

（6）洪水过后，要做好各项卫生防疫工作，预防疫病的流行。

小贴士

如果城市发生洪水灾害，作为一名学生不可贸然在水里行走；如果水已经没过学生的大腿，则不能再在水中继续行走，要马上到较高地段或建筑物上躲避。如果在农村，学生在上下学的路上一定要注意行路安全，尤其是过桥时要更加小心，避免落入水中。如果有别的路，最好绕道而行，并且最好由大人护送，不要独自在雨中行走。如果山洪暴发或者洪水灾害严重，应当迅速到地势较高的地方躲避，并且准备一些救生用具，如床板、大木盆、水桶等工具。现实生活中有这样一个案例，某县发生洪水灾害，一名小学生在来不及躲避的情况下，情急之下抱住了一棵大树，水涨高一点儿，她就往上爬一点儿，这样一直坚持了9个小时，直到救援人员发现她。可见，洪水中学会自我保护非常重要。

# 5.如何救助落水者？

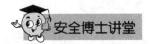

在洪水灾害中，一旦有人落水应当立即施以救援，但只有采取正确的方法，才能够成功救助落水的人。当发现有人落水时，救助者若不会游泳，最好不要贸然下水救人，首先应向有人的地方高声呼叫，同时尽快找到方便、可取的漂浮物抛给落水者，如救生圈、木块等。如实在没有，救助者可迅速脱下长裤在水中浸湿，扎紧裤管充气再扎紧裤腰后，抛给落水者。救助者也可找到长竹竿、长绳或将腰带围巾连接后抛给落水者拉他上岸。

救助者若会游泳，下水前应尽快脱去衣裤和鞋子，有条件者应尽可能携带漂浮物下水救人，让落水者抓住漂浮物，救助者再协助其游向岸边；救助者向落水者接近时一定要小心，不要被其抓住，最好从落水者的背后靠近，一手从落水者前胸伸直对侧腋下，将其头紧紧夹在自己的胸前拉出水面，另一只手划水，仰泳将其拖向岸边。

未成年学生首先要确保自己的安全，不要轻易下水救人。如确须下水救人时，应脱掉鞋和衣裤，以减少自己在水中的阻力，并从背面或侧面接近落水者。在流动的河水里，应带着落水者朝下游方向的岸边游，尽量不要逆流而上，以免耗费体力。

# 6.洪水到来时应当如何自救?

安全博士讲堂

　　遇到洪水首先采取的措施就是迅速登上牢固的高层建筑避险,然后要与救援部门取得联系。同时,注意收集各种漂浮物,木盆、木桶都不失为逃离险境的好工具。分析洪水中人员失踪的原因,一方面是洪水流量大,猝不及防;另一方面也是因为有的人不了解水情而涉险渡水。所以,洪水中必须注意的是,不了解水情的人一定要在安全地带等待救援部门的救援。

　　(1)避难所一般应选择在距家最近、地势较高、交通较为方便处,并有上下水设施,卫生条件较好。在城市中大多是高层建筑的平坦楼顶,地势较高或有牢固楼房的学校、医院等。

　　(2)将衣被等御寒物放至高处保存;将不便携带的贵重物品做防水捆扎后埋入地下或置放高处,票款、首饰等物品可缝在衣物中。

　　(3)扎制木排,并搜集木盆、木块等漂浮材料加工为救生设备以备急需;洪水到来时难以找到适合的饮用水,所以在洪水来之前可用木盆、水桶等盛水工具贮备一些干净的饮用水。

　　(4)准备好医药、取火等物品;保存好各种尚能使用的通信设施,可与外界保持良好的通信、交通联系。

小贴士

　　洪水发生时，要保持冷静，尽快向山上或较高地方转移，不要待在山脚下。不要沿着洪水流向跑，要向两侧快速躲避。千万不要涉水过河。如果被洪水困住，一定要及时与当地政府防汛部门取得联系，寻求救援。还要学会发出求救信号，如晃动衣服或树枝、大声呼救等，也可以利用眼镜片、镜子在阳光照射下的反光，夜晚可利用手电筒等寻求救援。

# 7.山洪暴发时有哪些自救脱险方法?

安全博士讲堂

　　山洪是由暴雨引起的，通常指在山区沿河流及溪沟形成的暴涨、暴落的洪水及伴随发生的滑坡、崩塌、泥石流。在山区，突遭暴雨侵袭，河流水量会迅速增大，很容易暴发山洪。山洪具有突然性和暴发性强的特点。在山区行走和中途歇息中，应随时注意场地周围的异常变化和自己可以选择的退路、自救办法，一旦出现异常情况，迅速撤离现场。

　　（1）受到洪水威胁时，应该有组织地迅速向山坡、高地处转移。

　　（2）当突然遭遇山洪袭击时，要沉着冷静，千万不要慌张，并以最快的速度撤离。脱离现场时，应该选择就近安全的路线沿山坡横向跑开，千万不要顺山坡往下或沿山谷出口往下游跑。

　　（3）山洪流速急，涨得快，不要轻易游水转移，以防止被山洪冲走。山洪暴发时还要注意防止山体滑坡、滚石、泥石流的伤害。

　　（4）突遭洪水围困于基础较牢固的高岗、台地或坚固的住宅楼房时，在山丘环境下，无论是孤身一人还是多人，只要有序固守等待救援或等待陡涨、陡落的山洪消退后即可解围。

（5）如措手不及，被洪水围困于低洼处的溪岸、土坎或木结构的住房里，情况危急时，有通信条件的，可利用通信工具向当地政府和防汛部门报告洪水态势和受困情况，寻求救援；无通信条件的，可制造烟火或来回挥动颜色鲜艳的衣物或集体同声呼救。同时要尽可能利用船只、木排、门板、木床等漂流物，做水上转移。

（6）发现高压线铁塔歪斜、电线低垂或者折断，要远离避险，不可触摸或者接近，防止触电。

（7）洪水过后，要做好卫生防疫工作，注意饮用水卫生、食品卫生，避免发生传染病。

居住在山洪易发区或冲沟、峡谷、溪岸的居民，每遇连降大雨时，必须保持高度警惕，特别是晚上，如有异常，应立即组织人员迅速脱离现场，就近选择安全地方落脚，并设法与外界联系，等待救援工作。切不可心存侥幸或因救捞财物而耽误避灾时机，造成不应有的人员伤亡。

# 8.被洪水隔离困陷时如何自救？

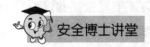

洪水来临时，如果被隔离困陷，应当怎样自救逃生呢？

如果水面上涨的时候你正在一座坚固的建筑物里，那么就待在里面别跑，即使水位迅速涨高，躲在里面的危险也比你赤脚逃出要小一些。在这种情况下，要做的是，关闭煤气和电路，准备应急的食物、保暖衣物和饮用水。饮用水要储存在可拧紧瓶盖的塑料瓶和其他密闭性好的容器中。

第五章

　　如果你被迫上了屋顶，可以架起一个防护棚。如果屋顶是倾斜的，可以将自己系在烟囱上或者别的坚固的物体上。如果水位看起来持续上升，应准备小木筏，如果没有绳子捆扎物体，就用床单。除非大水可能冲垮建筑物，或水面没过屋顶迫使你撤离，否则待着别动，等水停止上涨时再求救或撤离。

　　如果你身处山地高处，食物来源应该是不成问题的，因为动物也会躲向高处，无论是大型食肉动物还是弱小的动物都会集中到安全地带，但是小心不要被在水中惊慌失措的动物所伤害。饮用水或许不易得到，这时可以接些雨水引用，不过必须在食用前把它烧开。

小贴士

　　如果在水中体力不支时怎么办呢？最后的获救往往缘于最后的坚持。能感觉到体力不支就说明生命依旧存在。在树上或者抱着漂浮物时，为节省体力应当用衣服将自己捆绑在树上以及漂浮物上。用木板、木盆等相对保险的物品逃生时，不要为达到某处安全地带而拼命划水，以免消耗体力。徒身漂流时，经常采用仰卧姿势随波逐流，这样可以节省体力。

## 9.洪水灾害发生后要注意身边哪些环境卫生问题？

安全博士讲堂

洪水退后，到处一片狼藉，房屋垮塌，树木倒伏，农田淤积，污水流淌，环境可能遭到严重污染。因此关注身边的卫生问题显得尤其重要。洪灾过后主要预防肠道传染病、疟疾、鼠媒传染病、流行性乙型脑炎、登革热、皮肤病等。

洪水过后，在食物上绝不能吃在洪水中浸泡过的食物。喝水之前必须煮沸，而且要充分沸腾。寻找附近可提供医疗服务的医院，因为在政府设置的避难区域，可以获得食品、衣物及紧急补助金等。不要去灾害现场，以免妨碍救援活动和紧急业务。洪水退后，要对房子进行彻底消毒，检查所有电器，待其干燥后再使用。

小贴士

洪水过后，未成年学生要及时清除淤泥、垃圾、积水，要进行消毒、杀虫，防止疾病的发生，搞好环境卫生；要保持空气畅通，水一定要烧开后再喝；不吃生的食物和变质食物；要注意预防各种疾病，主要是肠道传染病的预防和控制；另外，要禁止长时间赤脚浸泡在水里，因为这样很容易导致脚部皮肤破损、溃烂。如果无法避免下水，上来后一定要及时把脚洗干净。总之，洪水过后一定要作好卫生预防工作。

# 第六章　冰雪灾害

　　雪是大自然的杰作，冬天来临后，我国北方就会飘起晶莹的雪花。很多诗人、作家都曾写诗歌颂过雪。然而，如果是暴雪来临，这时候雪就如同恶魔一样，影响人们的出行，危害到人们的生命、财产安全。而在山区，还有一种与雪有关的自然现象叫做雪崩，瞬间就可以将人埋入雪中，夺去人的生命。因此，冰雪灾害也是一种影响范围很大的气象灾害。什么是冰雪灾害？冰雪灾害的主要形成原因和特征是什么？冰雪灾害还会引起其他什么灾害？如果冰雪灾害引发了其他灾害，我们该怎么办？

# 1.什么是冰雪灾害?

安全故事会

2010年冬天,东北某地下起了大雪。大雪连着下了两天后,第三天早上,某中学的学生们正在上课的时候,突然听到外面传来很大的响声,原来自行车棚上落了太多的雪,使其承受不住重量被压塌了。所幸当时车棚无人在场,没有人员伤亡的事故。后来学校将自行车棚加固、维修。

安全博士讲堂

冰雪灾害是因长时间大量降雪造成大范围积雪成灾的自然现象。冰雪灾害对工程设施、交通运输和人民生命财产造成直接破坏,是比较严重的自然灾害。冰雪灾害是一种常见的气象灾害,中国属季风性大陆气候,冬、春季时天气、气候诸要素变率大,导致各种冰雪灾害每年都有可能发生。在全球气候变化的影响下,冰雪灾害成灾因素复杂,对雨雪预测预报难度不断增加。

中国冰雪灾害种类多、分布广。东起渤海,西至帕米尔高原;南自高黎贡山,北抵漠河,在纵横数千公里的国土上,每年都受到不同程度冰雪灾害的危害。冰雪灾害是中国牧区常发生的一种畜牧气象灾害。历史上我国的冰雪灾害不胜枚举。1951年至2000年,我国范围大、持续时间长且灾情较重的雪灾,就达近10次。

小贴士

尽管冰雪灾害的危害通常主要影响道路交通、农牧业，但不可避免的，冰雪灾害也会引起一些意外灾害，主要是建筑物、悬挂物、树木折断等引发的人身伤害危险。因此各学校也不要掉以轻心、麻痹大意，要增强预防冰雾灾害的安全意识，不要等到事故发生造成学生人身伤害，被追究责任后才后悔莫及。

相关链接

《学生伤害事故处理办法》（2002年9月1日起施行）第九条

# 2.冰雪灾害有哪些危害？

安全故事会

2008年中国南方的暴风雪造成多处铁路、公路、民航交通中断。由于正逢春运期间，大量旅客滞留站场、港埠。另外，电力受损、煤炭运输受阻，不少地区用电中断，通信、供水、取暖均受到不同程度影响，某些重灾区甚至面临断粮危险。而融雪流入海中，对海洋生态亦造成浩劫。台湾海峡曾出现大量鱼群暴毙事件。

安全博士讲堂

大气环流的异常，尤其是欧亚地区的大气环流发生异常，是形成大范围雨雪天气过程、造成雪灾的天气原因。大范围、高强度的降雪，会对包括城市在内的广大地区造成危害。冰雪灾害发生在草原上，将会影响牲畜冬天吃草，给畜牧业带来危害。

冰雪灾害还会引发很多其他灾害，对人们的身体健康和生命安全产生威胁。一般情况下，发生冰雪灾害时要预防诸如滑倒摔伤、一氧化碳中毒、雪盲、雪崩、低温冻伤、掉落冰窟等灾害的发生。严重的冰雪灾害还会破坏交通、通信、输电线路等生命线工程，对人民的生命安全和生活造成威胁。

**小贴士**

面对皑皑白雪带来的灾害，除了保持镇定，更需要用科学知识和救生本领沉着应对。雪给我们带来了不便，从路面上清除它们是一件既卖力又费时的工作。另外，它们也十分危险，对于不熟悉的地形，我们很难判断出雪的深浅。一个人要是掉到了雪里，逃生也是十分困难的。

# 3.什么是雪崩?

**安全故事会**

在欧洲1998年和1999年的冬天，50年一遇的大雪，一系列大雪崩的暴发摧毁了高山地区所有的村庄和度假胜地。200多人死亡，当地经营的许多行业也因此一蹶不振。

**安全博士讲堂**

雪崩是大量的雪和冰沿着陡峭的山坡迅速下降的自然现象，其速度可以达到每小时上百公里。当冬天或春天降雪非常大的时候，对于在山区居住、旅游或者度假的人们来说，雪崩是最可怕的自然灾害之一。不同寻常的或特别异常的雪崩会给社会经济造成严重的影响。

在雪崩多发地区，为了减轻雪崩造成的潜在影响，躲避是非常重要的形式。例如，不要将房屋或设施建在雪崩可能经过的道路上，也不要在雪崩多发地区进行各种活动，尤其在冬季运动和其他休闲运动时，需要向公众传授良好的安全知识，有助于使游客对于雪崩的危险性更加了解。

小贴士

雪崩仿若庞然大物，加上可怕的速度，是令人恐怖的自然灾害之一，也是能够造成致命影响的灾害之一。雪崩的暴发是频繁的，每年都发生成百上千次，全世界每年因雪崩死亡500多人。因为雪崩多发生在偏远的不毛之地，人迹罕至，所以有些数字没有统计上来。因此，雪崩是极其危险的自然灾害，我们未成年学生要注意防范。

# 4.遭遇雪崩时如何避险逃生？

安全博士讲堂

为了尽可能地减少和避免雪崩所造成的损失，除了工程防护的措施外，个人还必须掌握一套安全自救方法。这对于在高山冰雪地区登山、旅游的人来说，都非常重要。

（1）遇到雪崩时，切勿向山下跑，雪崩的速度可达到每小时200公里，你应该向山坡两边跑，或者跑到地势较高的地方。

（2）遇到雪崩时，包括位于雪崩路线以外的人均应当掩耳、捂嘴、

第六章

闭眼，并尽量使自己保持在树枝、岩嘴旁，避免受到雪崩风冲击。

（3）如果被雪崩卷走，遇险者应尽力活动双臂，做游泳姿势，活动头部，以便避免胸部受雪压过大，并争取出空隙来，不至于很快窒息。同时，应保持头脑的冷静，等待救援。

（4）如果被雪埋住，要奋力破雪而出，因为雪崩停止数分钟后，碎雪就会凝结成硬块，束缚手脚，活动困难，逃生难度更大。如果雪堆很大，一时无法破雪而出，就双手抱头，尽量制造最大的呼吸空间，让口中的口水流出，确定自己是否倒置，然后往上方破雪自救。

小贴士

遇到雪崩首先要及时逃跑，时间就是生命。跑不过雪崩的话，闭口屏气也是唯一选择，因为气浪的冲击比雪团本身的打击更可怕。雪崩时大量的积雪会往下泻，如果雪崩不是很大，你可以抓住树木、岩石等坚固物体，待冰雪泻完后，便可以脱险。如果被冲下山坡，一定要设法爬到冰雪表面，同时以仰泳或狗刨式姿势逆流而上，逃向雪流边缘。压住你的冰雪越少，你逃生的机会就越大。

# 5.雪灾天气要注意哪些常识？

安全博士讲堂

我们在日常生活中应当如何应对雪灾这种恶劣天气，保证人身安全和健康呢？专家小贴士，注意以下事项：

（1）了解信息，防寒保暖，注意安全。要注意关于暴雪的最新预报、预警信息；要准备好融雪、扫雪工具和设备；要减少车辆外出；要了解机场、高速公路、码头、车站的停航或者关闭信息，及时调整出行计划；要储备食物和水；要远离不结实、不安全的建筑物；要为牲畜备好粮草并收回野外放牧的牲畜；对农作物要采取防冻措施。

（2）应对雪灾必须特别注重膳食营养。寒冷对人体的影响是多方面的。首先是影响机体激素调节，促进蛋白质、脂肪、碳水化合物三大营养素的代谢分解加快，尤其是脂肪代谢分解加快；其次是影响机体的消化系统，使人提高食欲并消化吸收也较好；再次是影响机体的泌尿系统，排尿相应增多使钙、钾、钠等矿物质流失也增多。因此，这些变化都需要相应的营养素进行合理调节，以防机体在寒冷环境中出现上述一些生理变化。

（3）增加御寒食物的摄入。在寒冷的冬季，往往使人觉得因寒冷而不适，而且有些人由于体内阳气虚弱而特别怕冷。因此，在冬季要适当用具有御寒功效的食物进行温补和调养，以起到温养全身组织、增强体质、促进新陈代谢、提高防寒能力、维持机体组织功能活动、抗拒外邪、减少疾病的发生。在冬季应吃性温热御寒并补益的食物，如羊肉、狗肉、甲鱼、虾、鸽、鹌鹑、海参、枸杞、韭菜、胡桃、糯米等。

（4）增加产热食物的摄入。由于冬季气候寒冷，机体每天为适应外界寒冷环境，消耗能量相应增多，因而要增加产热营养素的摄入量。产热营养素主要指蛋白质、脂肪、碳水化合物等，因而要多吃富含这三大营养素的食物，尤其是要相对增加脂肪的摄入量，如在吃荤菜时注重肥肉的摄入量，在炒菜时多放些烹调油等。

（5）补充必要的蛋氨酸。蛋氨酸可通过转移作用，提供一系列适应耐寒所必需的甲基。寒冷的气候使人体尿液中肌酸的排出量增多，脂肪代谢加快，而合成肌酸及脂酸、磷脂在线粒体内氧化释放出的热量都需要甲基，因此，在冬季应多摄取含蛋氨酸较多的食物，如芝麻、葵花籽、乳制品、酵母、叶类蔬菜等。

（6）多吃富含维生素类食物。由于寒冷气候使人体氧化产热加强，机体维生素代谢也发生明显变化。如增加摄入维生素A，以增强人体的耐寒能力。增加对维生素C的摄入量，以提高人体对寒冷的适应能力，并对血管具有良好的保护作用。维生素A主要来自动物肝脏、胡萝卜、深绿色蔬菜等食物，维生素C主要来自新鲜水果和蔬菜等食物。

（7）适量补充矿物质。人怕冷与机体摄入矿物质量也有一定关系。如钙在人体内含量的多少，可直接影响人体的心肌、血管及肌肉的伸缩性和兴奋性，补充钙可提高机体的御寒能力。含钙丰富的食物有牛奶、豆制品、海带等。食盐对人体御寒也很重要，它可使人体产热功能增强，因而在冬季调味以重味辛热为主，但也不能过咸，每日摄盐量最多不超过6克为宜。

（8）注重热食。为使人体适应外界寒冷环境，应以热饭、热菜用餐并趁热而食，以摄入更多的能量御寒。在餐桌上不妨多安排些热菜汤，这样既可增进食欲，又可消除寒冷感。

小贴士

雪灾一旦发生，应该积极应对：要做好道路扫雪和融雪工作，居民和商铺要积极配合，"各人自扫门前雪"是必要的；外出时要采取防寒和保暖措施，在冰冻严重的南方，尽量别穿硬底鞋和光滑底的鞋，给鞋套上旧棉袜，是很多人在这场冰雪灾害中摸索出来的防滑防摔的好办法；驾车出行，慢速、主动避让、保持车距、少踩刹车、服从交警指挥和注意看道路安全提示也是关键；给非机动车轮胎稍许放点气，以增加轮胎与路面摩擦力，也能防滑。

# 6.未成年学生如何
# 预防暴雪带来的危害?

安全博士讲堂

首先，在暴风雪天气里，尽量不要到户外去，如果此时正在路上一定要注意交通安全，避免滑倒摔伤，也不要在广告牌、大树等下面逗留，以免广告牌、大树等由于受到大雪的重压坍塌发生危险。其次，伴随着暴风雪的来临，会带来持续性的低温，所以学生首先要预防冻伤，外出时要戴手套和帽子，要穿保暖性好的棉鞋，同时要适当进行体育活动，提高身体素质。再次，如果被困在暴风雪里，要想办法求救，可以拨打110向警察求助。

学校一定要作好对暴风雪提前预防的工作，防止暴雪期间发生意外。如果发现校舍、教学设施等存在安全隐患的，一定要及时加以维修、加固，以免给学生带来伤害。如某地中学的食堂被大雪压塌，压伤在场的多名学生。

未成年学生要了解信息，防寒保暖，注意安全。要注意关于暴雪的最新预报、预警信息；减少车辆外出；储备粮食和水。雪灾一旦发生，应该积极应对。要做好道路扫雪和融雪工作；外出时要采取防寒和保暖措施，尽量别穿硬底鞋和底面光滑的鞋；驾车出行时，要慢行、主动避让行人和骑车人，保持车距，少踩刹车。还要远离易发生垮塌、掉落等事故的危险地带。遭遇暴风雪突袭时，要特别注意远离广告牌、临时建筑物、大树、电线杆和高压线塔架；路过桥下、屋檐等处，要小心观察或者干脆绕道走。

# 7.如何防止低温伤害和冻伤？

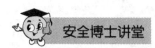

在寒冷的冬季，在外面长期停留的人很容易受到低温伤害和冻伤，主要表现有：打寒战，运动功能失调，皮肤先发红，然后变苍白，最后变黑、变硬并凝固，意识丧失，困倦，虚弱，心跳骤停等。

为防止低温伤害和冻伤，可以采取以下救治措施：

（1）注意收听天气预报，提前准备御寒、防冻的衣被和设备。发现冻伤应该及时到正规医院就诊治疗。

（2）戴上手套和帽子，将袖口、裤脚扎紧防止风雪吹入。在疲劳、饥饿时切勿在雪地上卧坐。

（3）要及时活动面部肌肉及手脚，防止冻伤。如发现皮肤有发红、发白、发凉、发硬等现象，应当用手或干燥的绒布摩擦伤处，促进血液循环，减轻冻伤。用辣椒泡酒涂擦伤处可以减轻轻度冻伤。

（4）注意保持鞋袜干燥，出汗多时应及时更换或烘干鞋袜。冻伤的脚可放在同伴的怀里或腋窝下加温。

（5）遇到低温昏迷者，应立即拨打急救电话，并慢慢给患者复温，用毛毯、铝箔纸或他人体温，慢慢地使患者身体温暖起来。注意：不要用电热毯等直接给患者进行加热升温。因为电热毯虽然能使伤者全身暖和，但会使伤者身体产生依赖，导致其自身产生热量的能力降低；冻伤严重者，会因局部加热升温而导致皮肤组织坏死。

小贴士

我们要注意预防雪后病。大雪过后因为温度低，人体免疫机能下降，人们的身体容易出现一些问题。主要的雪后病有流感、呼吸道疾病、心血管疾病、雪盲症等。为了防治这类疾病，要注意防寒保暖，加强营养补充，食用具有增强人体免疫力的食品，加强体育锻炼。

# 8.雪灾中被冻伤应如何快速自救？

安全博士讲堂

在寒冷的冬天，如果遭遇冰雪天气，极易发生冻伤。冻伤者局部或者全身冻伤，若得不到及时的紧急护理或抢救，往往会引起致残或致死的严重后果。如果出现冻伤，应当尽快脱离寒冷环境，脱去潮湿衣物，置身于温水中逐渐复温。对全身严重冻伤的病人必要时可以进行人工呼吸，增强心脏功能，抗休克，补液。对冻疮除了复温、按摩外，可用酒精、辣椒水涂擦，或用5%樟脑酒精或各种冻疮膏涂抹。二度冻伤如果有水疱，可以用消毒针穿刺抽去液体，再涂抹冻疮膏。四度冻伤则需要在保暖的条件下抢救治疗。

如果冻伤发生在家庭中，应当使冻伤的部位尽快复温，可将患处浸泡在温水中，或用温水温敷，水温控制在38℃到42℃之间，最高温不能超过45℃，否则会引起烫伤，忌用火烤。复温的时间不宜长，5～7分钟最好，最长不要超过20分钟。快速复温能减少受冻时间，迅速恢复血液循环，使组织坏死降到最小范围。当冻伤处皮肤的颜色和感觉恢复正常后，即可停止复温。伤肢应稍微抬高，并且加以固定，限制活动，以减轻水肿和组织的损伤。伤肢复温后，还应送医院进一步治疗。

小贴士

医学上将冻伤分为四度。一度冻伤最轻，即常见的"冻疮"。冻疮损及表皮层，受冻部位皮肤红肿充血，感觉热、痒、灼痛，症状在数日后消失，愈后除有表皮脱落外，不留瘢痕。二度冻伤伤及真皮浅层，伤后除红肿外尚伴有水疱，疱内可为血性液，深部可出现水肿、剧痛，皮肤感觉迟钝。三度冻伤伤及皮肤全层，皮肤变成黑色或者紫褐色，痛觉消失，伤后不易愈合，除了留有瘢痕外，可能会长期感觉过敏或疼痛。四度冻伤伤及皮肤、皮下组织、肌肉甚至骨头，可出现坏死和感觉丧失，愈后可能会有瘢痕形成。

# 9.冰雪天气中滑倒摔伤了怎么办？

安全博士讲堂

冰雪天气，路面湿滑，外出很容易摔倒造成创伤。最常见的有骨折和外伤。冰雪天气时预防摔倒创伤要注意以下几点：

（1）减少户外活动，出门穿底面粗糙、有花纹的鞋。

（2）走路速度要慢，注意保持身体平衡，万一摔倒时尽量全身向前，以免摔伤后脑勺和骨盆；尽量别用手腕支撑地面，因为这种摔倒姿势容易造成手臂骨折。

（3）如果摔倒后出现剧烈疼痛，应该警惕是否骨折了。此时，应尽快到医院就医，在就医前可以对受伤部位进行固定。上肢受伤可用木板或硬纸板捆绑固定，用毛巾、围巾等挂在脖子上将患肢悬吊于空中；下肢受伤可以用长木板或将两腿并拢捆绑在一起进行固定，这样可以减轻疼痛，防止骨头错位。

（4）摔伤的伤口应进行冷敷，并及时就医，以免病情恶化。

小贴士

如果遭遇了冰雪天气，为了防止摔伤，除了上述注意事项外，要特别注意远离广告牌、临时建筑物、大树、电线杆和高压线塔架；路过桥下、屋檐等处，要小心观察或者干脆绕道走，因为从上面掉落的冰凌，在重力加速度作用下，杀伤力不亚于刀剑。

# 第七章 沙尘暴灾害

　　我国是世界上自然灾害最为严重的国家之一，灾害种类多、频率高、分布广。特别是近年来，随着环境破坏和全球气候变暖趋势的加剧，沙尘暴灾害发生的频率、强度和造成的损失进一步加大。面对沙尘暴带来的危害，提高广大群众保护环境、防灾减灾的意识和素养，意义重大。什么是沙尘暴？沙尘暴是如何形成的？沙尘暴都有哪些危害？如何预防和治理沙尘暴灾害？

# 1.你知道什么是沙尘暴吗?

## 安全故事会

某年初春的一个周末，晓峰和同学们一起去郊游。临近傍晚的时候，狂风大作，卷起了漫天的黄沙。直往人的眼、鼻、口里吹，呼呼的大风吹个不停。同学们非常害怕。老师让大家不要慌张，于是，同学们手拉手一起快速逃离。幸运的是，晓峰以及同学们有惊无险地躲到了安全的地方，没有受到意外伤害。

## 安全博士讲堂

沙尘暴是沙暴和尘暴两者兼有的总称，是指强风把地面大量沙尘物质吹起并卷入空中，使空气特别混浊，水平能见度小于一百米的严重风沙天气现象。其中，沙暴系指大风把大量沙粒吹入近地层所形成的挟沙风暴；尘暴则是大风把大量尘埃及其他细粒物质卷入高空所形成的风暴。

对沙尘暴强度等级的划分一般采用风速和能见度两个指标。目前将沙尘暴强度划分为四个等级：即4级≤风速≤6级，500米≤能见度≤1000米，称为弱沙尘暴；6级≤风速≤8级，200米≤能见度≤500米，称为中等强度沙尘暴；风速≥9级，50米≤能见度≤200米，称为强沙尘暴；当其达到最大强度（瞬时最大风速≥25米/秒，能见度≤50米，甚至降低到0米）时，称为特强沙尘暴（或黑风暴，俗称"黑风"）。

沙尘天气分为浮尘、扬沙、沙尘暴和强沙尘暴四类：

浮尘：尘土、细沙均匀地浮游在空中，使水平能见度小于10公里的天气现象。

扬沙：风将地面尘沙吹起，使空气相当混浊，水平能见度在1公里至10公里以内的天气现象。

沙尘暴：强风将地面大量尘沙吹起，使空气很混浊，水平能见度小于1公里的天气现象。

强沙尘暴：大风将地面尘沙吹起，使空气模糊不清，浑浊不堪，水平能见度小于500米的天气现象。

小贴士

实验证明，植物措施是防治沙尘暴的有效方法之一。专家认为植物通常以三种形式来影响风蚀：分散地面上一定的风动量，减少气流与沙尘之间的传递；阻止土壤、沙尘等的运动。因为沙尘暴的发生不仅是特定自然环境条件下的产物，而且与人类活动有对应关系。人为过度放牧、滥伐森林植被、工矿交通建设，尤其是人为过度垦荒破坏地面植被，扰动地面结构，形成大面积沙漠化土地，直接加速了沙尘暴的形成和发育。

相关链接

《中华人民共和国防沙治沙法》

# 2.沙尘暴是如何形成的？

安全博士讲堂

有利于产生大风或强风的天气形势，有利的沙、尘源分布和有利的空气不稳定条件是沙尘暴或强沙尘暴形成的主要原因。强风是沙尘暴产生的动力，沙、尘源是沙尘暴的物质基础，不稳定的热力条件是利于风力加大、强对流发展，从而夹带更多的沙尘，并卷扬得更高。

除此之外，气候干旱少雨，天气变暖，气温回升，是沙尘暴形成的特殊的天气气候背景；地面冷锋前对流单体发展成云团或飑线是有利于沙尘暴发展并加强的中小尺度系统；有利于风速加大的地形条件即狭管作用，是沙尘暴形成的有利条件之一。

在极有利的大尺度环境、高空干冷急流和强垂直风速、风向切变及热力不稳定层条件下，引起锋区附近中小尺度系统生成、发展，加剧了锋区前后的气压、温度梯度，形成了锋区前后的巨大压温梯度。在动量下传和梯度偏差风的共同作用下，使近地层风速陡升，掀起地表沙尘，形成沙尘暴或强沙尘暴天气。

小贴士

除沙漠和沙地外，我国北方地区多属中纬度干旱和半干旱地区，地面多为稀疏草地和旱作耕地，植被稀少，加上人为破坏，当春季地面回暖解冻，地表裸露，狂风起时，沙尘弥漫，在本地及狂风经过的地带容易形成沙尘天气。

# 3.沙尘暴的危害有哪些?

**安全故事会**

　　1993年5月5日，我国西北四省，曾发生一次特大沙尘暴，死亡85人，失踪31人，直接损失高达5.4亿元。从1999年8月14日清晨开始，甘肃河西走廊的敦煌等地区发生中等强度的沙尘暴，瞬间风速达每秒14米，能见度在200～300米之间，飞沙走石，形如黄昏。近5年来，我国西北地区累计遭受到的沙尘暴袭击有20多次，造成经济损失12亿多元，失踪、死亡人数超过200人。

**安全博士讲堂**

　　沙尘暴天气是我国西北地区和华北北部地区出现的强灾害性天气，可造成房屋倒塌、交通供电受阻或中断、火灾、人畜伤亡等，污染自然环境，破坏作物生长，给国民经济和人民生命财产安全造成严重的损失和极大的危害。沙尘暴危害主要表现在以下几方面：

　　（1）生态环境恶化。出现沙尘暴天气时狂风裹的沙石、浮尘到处弥漫，凡是其经过地区，那里空气浑浊，呛鼻迷眼，患呼吸道等疾病人数增加。如1993年5月5日发生在金昌市的强沙尘暴天气，监测到的室外空气含尘量为1016毫米/立方厘米，室内为80毫米/立方厘米，超过国家规定的生活区内空气含尘量标准的40倍。

　　（2）生产生活受影响。沙尘暴天气携带的大量沙尘蔽日遮光，天气阴沉，造成太阳辐射减少，几小时到十几个小时恶劣的能见度，容易使人心情沉闷，工作学习效率降低。轻者可使大量牲畜患呼吸道及肠胃疾病，严重时将导致大量"春乏"牲畜死亡，刮走农田沃土、种子和幼苗。沙尘暴还会使地表层土壤风蚀、沙漠化加剧，覆盖在植物叶面上厚厚的沙尘，影响正常的光合作用，造成作物减产。沙尘暴还使气温急剧下降，天空如同撑起了一把遮阳伞，地面处于阴影之下变得昏暗、阴冷。

（3）生命财产损失。2000年4月12日，永昌、金昌、威武、民勤等地市发生强沙尘暴天气，据不完全统计，仅金昌、威武两地市直接经济损失达1534万元。

（4）影响交通安全。沙尘暴天气经常影响交通安全，造成飞机不能正常起飞或降落，使汽车、火车车厢玻璃破损、停运或脱轨。

（5）危害人体健康。当人暴露于沙尘天气中时，含有各种有毒化学物质、病菌等的尘土可透过层层防护进入到口、鼻、眼、耳中。这些含有大量有害物质的尘土若得不到及时清理将对这些器官造成损害或病菌以这些器官为侵入点，引发各种疾病。

沙尘暴除有以上多种危害外，还会污染环境，破坏农作物生长。沙尘暴降尘中至少有38种化学元素，它的发生大大增加了大气固态污染物的浓度，给起源地、周边地区以及下风向地区的大气环境、土壤、农业生产等造成了长期的、潜在的危害。特别是农作物赖以生存的微薄的表土被刮走后，贫瘠的土地将严重影响农作物的产量。

# 4.沙尘暴来临时应当如何防护？

当沙尘暴来临时，原则上不宜外出，如果确实需要外出时，则需要采取如下措施保护自己。

第七章

（1）及时关闭门窗，必要时可用胶条对门窗进行密封。

（2）外出时要戴口罩，用纱巾蒙住头，以免沙尘侵害眼睛和呼吸道而造成损伤。此外还应特别注意交通安全。

（3）机动车和非机动车应减速慢行，密切注意路况，谨慎驾驶。

（4）妥善安置易受沙尘暴损坏的室外物品。

（5）发生强沙尘暴天气时不宜出门，尤其是老人、儿童及患有呼吸道过敏性疾病的人。

（6）平时要作好防风、防沙的各项准备。

（7）远离围墙、危房、护栏、广告牌以及高大树木，尽量避开施工工地。发生沙尘暴外出行走时，要远离水渠、水沟、水库等，避免落水发生溺水事故。

（8）发生沙尘暴时，应当立即停止一切露天集体活动，并疏散到安全的地方躲避。

小贴士

在家里怎样防止沙尘暴侵害呢？首先，要关闭好门窗，并将门窗的缝隙用胶带封好。老人、孩子及病人尽量待在家中不要外出。其次，屋里能见度低时，应及时照明，以免发生碰撞事故。

还有，要准备好口罩、风镜等防尘物品，以备急用。

# 5.沙尘暴中被风沙迷了眼怎么办?

安全博士讲堂

沙尘暴来临时常常容易被风沙迷了眼。不少人会习惯性地用力揉眼，想把沙子揉出来。殊不知，这样做对眼睛的危害相当大。

因为这样做，一方面会损伤眼睛的角膜。眼球表面的角膜就像照相机镜头前面的一层玻璃，需要保持洁净无痕。眼睛里进了沙尘，沙尘附在角膜上会感到疼痛，睁眼困难，用手去揉擦的结果是，原本光滑的角膜被带棱角的小沙粒、尘土磨出一道道痕迹，看起东西来感到模糊不清，感觉更不舒服。如果角膜损伤严重，甚至会引起角膜炎伤害视力。另一方面，会很容易引起感染。手上的细菌容易在揉眼睛时被带到眼睛里，引起眼睛感染发炎。

小贴士

一旦有沙尘吹入眼内，不要用脏手揉眼，应当尽快用清水冲洗或者滴眼药水，保持眼睛湿润易于尘沙流出。如果仍然有不适，应当及时到医院就诊。

# 第八章　高温天气灾害

　　近年来，由于温室效应，全球气温升高，35 摄氏度以上的高温天气越来越常见。伴随着高温天气的发生，往往会出现晒伤、中暑的现象。而在持续性的高温天气里，甚至会发生人被热死的事件。近两年，关于此方面的消息报道并不少见。因此，高温天气越来越引起人们的重视。那么，什么是高温天气灾害？如何避免高温天气对自己造成的伤害？如何预防晒伤？如何预防中暑？高温天气里，如何防范火灾？

# 1.什么是高温天气灾害?

## 安全故事会

小张特别喜欢打篮球，每年暑假，小张都经常和朋友们一起玩。有一天天气特别热，最高温度竟然达到37摄氏度。这么热的天气，小张还是按捺不住自己，午后两点多正是温度最高的时候，他骑自行车前往体育场和同学去打球。正玩得高兴的时候，小张忽然觉得自己很难受，头疼，恶心，浑身无力。小张的同学见他脸色发白，赶紧将其送往医院，经医生检查，小张中暑了。

## 安全博士讲堂

气象学上，气温在35℃以上时可称为"高温天气"，如果连续几天最高气温都超过35℃时，即可称作"高温热浪"天气。一般来说，高温通常有两种情况，一种是气温高而湿度小的干热性高温；另一种是气温高、湿度大的闷热性高温，称为"桑拿天"。

冬天冷，夏天热，一般被视作是正常的自然现象，这种温度的变化哪怕暂时超出了一定范围，给城市和市民生活带来了麻烦，也往往不会被认为是一个很大的、需要持续研究和关注的问题，至少不会与地震、洪水、飓风、冰雹等相提并论，而后者明确地被归于自然灾害甚至是灾难之列。但从气温与生活关联度来说，高温天气可能会导致饮水困难、田地干涸甚至人员伤亡。自从厄尔尼诺现象出现以来，世界范围的高温天气已经引起科学界以及相关国际组织的关注，一些研究指出，高温天气很可能不再是一种单纯的自然现象，而是一种气象灾害，存在很大的人为因素，与现代社会的生产方式、生活方式和消费方式等相关。我们还要看到，由于城市热岛效应的存在，城市居民对高温的感受以及高温对城市的影响，与在农村和郊区是不一样的。因此，高温天气有必要被视做一种灾害。与地震、飓风等灾害不同的是，"高温灾害"是现代化和城市化的特有灾害类型。

　　现在高温天气越来越常见，可以用"天灾人祸"来概括。人类向空气中排放大量的二氧化碳是造成地球温室效应的元凶。因此，未成年学生要从小培养环保意识，爱护大自然，节约能源，养成过低碳生活的习惯，用自己的细微行为为改善大气环境作贡献。

# 2.高温天气对人体有哪些危害？

　　高温天气对人体健康的主要影响是产生中暑以及诱发心、脑血管疾病导致死亡。人体在过高环境温度作用下，体温调节机制暂时发生障碍，而发生体内热蓄积，导致中暑。中暑按发病症状与程度，可分为以下几种：热虚脱是中暑最轻度的表现，也最常见；热辐射是长期在高温环境中工作，导致下肢血管扩张，血液淤积而发生昏倒；日射病是由于长时间曝晒，导致排汗功能障碍所致。对于患有高血压、心脑血管疾病者，在高温、潮湿、无风、低气压的环境里，人体排汗受到抑制，体内蓄热量不断增加，心肌耗氧量增加，使心血管处于紧张状态，闷热还可导致人体血管扩张，血液黏稠度增加，易发生脑出血、脑梗死、心梗等症状，严重的可能导致死亡。据对北京地区心脑血管疾病的调查发现，高温、闷热天气是导致缺血性脑卒中的危险天气。

　　在夏季闷热的天气里，还易出现热伤风（夏季感冒）、腹泻和皮肤过敏等疾病。原因是由于高温环境下，人体代谢旺盛，能量消耗较大，而闷热又常使人睡眠不足，食欲不振，造成人体免疫力下降，此时再不加节制地使用空调或电扇来解暑，人体长时间处于过低温度的环境里，机体适应能力减退，抵抗力下降，病菌、病毒就会乘虚而入，急易引起

吹得我头好晕啊！

上呼吸道感染（感冒）；另外，高温、高湿环境，细菌、病毒等微生物大量滋生，食物极易腐败变质，食用后会引起消化不良、急性胃肠炎、痢疾、腹泻等疾病的发生；再有人们从室外高温环境中回到家中，习惯马上打开空调或用电扇直吹，吃些冰镇食品，这一冷一热，立马见效，马上就开始腹泻；闷热天气，人体排汗不畅，还容易导致皮肤过敏，特别是 10 岁以下的儿童，主要为丘疹样荨麻疹、湿疹、接触性皮炎等，因是儿童对高温、高湿天气的适应能力差，以及蚊虫叮咬、花粉、粉尘过敏等引起的。另外，消化不良、食积、寄生虫也可以致病。

小贴士

　　在高温天气里，饮食上一定要注意清淡，不要吃太过油腻的东西，要多喝凉开水、绿豆汤等防暑饮品，多吃一些蔬菜、水果；穿着透气性好、吸湿性强的棉织物；中午到下午两点期间要尽量避免户外活动，也不要等到口渴的时候才喝水，因为口渴就已经表示身体缺失水分了。此外，为了防止晒伤，外出时要戴太阳镜、帽子或者撑一把伞，擦一些防晒霜。

# 3.如何预防高温天气灾害？

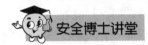

安全博士讲堂

在高温天气里，为了避免高温天气给我们的身体带来危害，要做到以下几点：

（1）白天尽量避免或减少户外活动，尤其是10～16时不要在烈日下外出运动。

（2）暂停户外或室内大型集会。

（3）若外出，应采取防护措施，如打遮阳伞，穿浅色衣，不要长时间在太阳下曝晒。

（4）不宜在阳台、树下或露天睡觉，适当晚睡早起，中午宜午睡。

（5）要留神蚊、虫咬伤，避免器械碰割伤，开水、滚油烫伤等，因为高温天气下伤口极易感染。

（6）要特别注意防火。

（7）浑身大汗时，不宜立即用冷水洗澡，应先擦干汗水，稍事休息后再用温水洗澡。

（8）电扇不能直接对着头部或身体的某一部位长时间吹。

（9）空调温度不宜过低。

小贴士

一日内，最高温度达到35℃以上，就被称为高温天气。而一天之内，最热的温度是在午后两点。从地理学的角度来讲，正午12点，是太阳辐射最高的时候，也就是说此时最"晒"。而午后两点，是地面辐射最高的时候，也就是说此时地面温度最高。这也就是学生朋友为什么会感觉到午后最热的原因。这个时间段外出，在太阳的曝晒和高温的烘烤下，很容易造成人的身体的温度过高失去平衡而出现中暑现象。另外，长时间曝晒在强烈的紫外线下，可以引起晒伤，增加得皮肤癌的几率。

# 4.什么是中暑?

安全博士讲堂

中暑是在暑热天气、湿度大和无风的环境条件下，表现以体温调节中枢功能障碍、汗腺功能衰竭和水电解质丧失过多为特征的疾病。根据发病机制和临床表现不同，通常将中暑分为热痉挛、热衰竭和热（日）射病。上述三种情况可顺序发展，也可交叉重叠。热射病是一种致命性疾病，病死率较高。

中暑的诊断可根据在高温环境中劳动和生活时出现体温升高、肌肉痉挛和（或）晕厥，并应排除其他疾病后方可诊断。与热射病特别需要鉴别的疾病有脑炎、有机磷农药中毒、中毒性肺炎、菌痢、疟疾；热衰竭应与消化道出血或宫外孕、低血糖等鉴别；热痉挛伴腹痛应与各种急腹症鉴别。

预防中暑应从根本上改善劳动和居住条件，隔离热源，降低车间温度，调整作息时间，供给含盐0.3%的清凉饮料。大力宣传中暑的防治知识，特别是中暑的早期症状。对有心血管器质性疾病、高血压、中枢神经器质性疾病，明显的呼吸、消化或内分泌系统疾病和肝、肾疾病患者应列为高温车间就业禁忌症。

小贴士

天气酷热时，若处于空气不流通的地方，便容易中暑。中暑病征是汗多、呼吸困难、气促、头痛或头晕、严重发热、小便不顺及变黄。冬瓜汤则可以达到消暑的目的，有健脾、去湿、清热功效。市民可把冬瓜、生薏米、扁豆、木棉花和猪骨头放在一起，用冷水煲两小时，可收到较好的效果。

# 5.中暑有哪些症状表现？

根据临床表现的轻重，中暑可分为先兆中暑、轻症中暑和重症中暑，而它们之间的关系是渐进的。

一、先兆中暑症状

高温环境下，出现头痛、头晕、口渴、多汗、四肢无力发酸、注意力不集中、动作不协调等症状。体温正常或略有升高。如及时转移到阴凉通风处，补充水和盐分，短时间内即可恢复。

二、轻症中暑症状

体温往往在 38 度以上。除头晕、口渴外往往有面色潮红、大量出汗、皮肤灼热等表现，或出现四肢湿冷、面色苍白、血压下降、脉搏增快等表现。如及时处理，往往可于数小时内恢复。

三、重症中暑症状

顾名思义，是中暑中情况最严重的一种，如不及时救治将会危及生命。这类中暑又可分为四种类型：热痉挛、热衰竭、日射病和热射病。

热痉挛症状特点：多发生于大量出汗及口渴，饮水多而盐分补充不足致血中氯化钠浓度急速明显降低时。这类中暑发生时肌肉会突然出现阵发性的痉挛疼痛。

热衰竭症状特点：这种中暑常常发生于老年人及一时未能适应高温的人。主要症状为头晕、头痛、心慌、口渴、恶心、呕吐、皮肤湿冷、血压下降、晕厥或神志模糊。此时的体温正常或稍微偏高。

日射病症状特点：这类中暑的原因正像它的名字一样，是因为直接在烈日的曝晒下，强烈的日光穿透头部皮肤及颅骨引起脑细胞受损，进而造成脑组织的充血、水肿；由于受到伤害的主要是头部，所以，最开始出现的不适就是剧烈头痛、恶心呕吐、烦躁不安，继而可出现昏迷及抽搐。

热射病症状特点：在高温环境中从事体力劳动的时间较长，身体产热过多，而散热不足，导致体温急剧升高。发病早期有大量冷汗，继而无汗、呼吸浅快、脉搏细速、躁动不安、神志模糊、血压下降，逐渐向昏迷伴四肢抽搐发展；严重者可产生脑水肿、肺水肿、心力衰竭等。

小贴士

判断中暑可以进行以下医学检查：

（1）血常规、尿常规、粪常规。

（2）肝功能、肾功能、电解质及无机元素检测。

（3）心血管检查。

（4）CT检查。

（5）血液气体及酸碱平衡指标的检测。

中暑时，应进行紧急血生化检查和动脉血气分析。严重病例常出现肝、肾、胰和横纹肌损伤的实验室参数改变。住院后，应检查血清门冬氨酸氨基转移酶（AST）、丙氨酸氨基转移酶（ALT）、乳酸脱氢酶（LDH）、肌酸激酶（CK）及有关止、凝血功能等参数，以尽早发现重要器官功能障碍的证据。怀疑颅内出血或感染时，应行脑CT和脑脊液检查。

# 6.出行如何防范中暑?

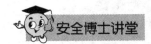

中暑是在高温影响下的体温调节功能紊乱，常因烈日曝晒或在高温环境下重体力劳动所致。出行时，要注意以下几点：

**一、出行躲避烈日**

夏日出门记得要备好防晒用具，最好不要在10点至16点时在烈日下行走，因为这个时间段的阳光最强烈，发生中暑的可能性是平时的10倍！如果此时必须外出，一定要作好防护工作，如打遮阳伞、戴遮阳帽、戴太阳镜，有条件的最好涂抹防晒霜；准备充足的水和饮料。此外，在炎热的夏季，防暑降温药品，如十滴水、龙虎人丹、风油精等一定要备在身边，以防应急之用。外出时的衣服尽量选用棉、麻、丝类的织物，应少穿化纤品类服装，以免大量出汗时不能及时散热，引起中暑。老年人、孕妇、有慢性疾病的人，特别是有心血管疾病的人，在高温季节要尽可能地减少外出活动。

**二、别等口渴了才喝水**

不要等口渴了才喝水，因为口渴已表示身体已经缺水了。最理想的是根据气温的高低，每天喝1.5升至2升水。出汗较多时可适当补充一些盐水，弥补人体因出汗而失去的盐分。另外，夏季人体容易缺钾，使人感到倦怠疲乏，含钾茶水是极好的消暑饮品。

**三、饮食也要注意**

夏天的食用蔬菜，如生菜、黄瓜、西红柿等的含水量较高；新鲜水果，如桃子、杏、西瓜、甜瓜等水分含量为80%至90%，都可以用来补充水分。另外，乳制品既能补水，又能满足身体的营养之需。其次，不能避免在高温环境中工作的人，应适当补充含有钾、镁等元素的饮料。

## 四、保持充足睡眠

夏天日长夜短，气温高，人体新陈代谢旺盛，消耗也大，容易感到疲劳。充足的睡眠，可使大脑和身体各系统都得到放松，既利于工作和学习，也是预防中暑的措施。最佳就寝时间是22时至23时，最佳起床时间是5时30分至6时30分。睡眠时注意不要躺在空调的出风口和电风扇下，以免患上空调病和热伤风。

中暑是指在高温和热辐射的长时间作用下，机体体温调节障碍，水、电解质代谢紊乱及神经系统功能损害的症状的总称。颅脑疾患的病人，老弱及产妇耐热能力差者，尤易发生中暑。中暑是一种威胁生命的急诊病，若不给予迅速、有力的治疗，可引起抽搐和死亡，永久性脑损害或肾脏衰竭。核心体温达41℃是预示严重的体征；体温若再略为升高一点则常可致死。老年人，身体衰弱的人和酒精中毒者可加重后果。因此，中暑如果严重的话，是很危险的，出行时要注意预防。

# 7.中暑的简单紧急处理方法有哪些?

安全博士讲堂

第八章

中暑是在高温影响下，体内热积蓄过多或体温调节中枢功能出现紊乱，致生命活动受到危害的一种急症。人体体温之所以维持在37℃左右，是由于体内各器官、组织的新陈代谢和运动时所产生的热量，能够通过皮肤表面、呼吸和出汗等途径所散失的热量，在体温中枢的调节下达到平衡。当环境温度高于皮肤温度且湿度过大时，蒸发散热受阻，大量热积蓄，如不及时采取措施，就会引起中暑。轻度中暑时表现为精神恍惚、疲乏无力、头昏、心慌、大汗、恶心、体温超过37.5℃等症状。有这些症状的人，如及时离开高温环境，一般休息3～4小时后可以恢复。重症中暑常有四种类型：①中暑衰竭：此类型最为常见。由于大汗及周围血管扩张致血容量不足而引起。起病较急，常在站立或劳动时突然昏倒，多见于老年人和未能及时适应高温者。②中暑痉挛：大汗后畅饮又未及时补充钠盐，致骨骼肌收缩时发生阵发性疼痛、抽搐，多见于青壮年。③日射病：烈日曝晒头部（大脑温度可达40℃～42℃），引起脑组织充血、水肿。以剧烈头痛、呕吐为特征，重者昏迷，但体温不一定升高。④中暑高热：患者体内大量热能滞留，体温高达41℃以上，皮肤干燥无汗，意识模糊，精神失常、躁动以至于昏迷。对中暑者，应将其立即移至阴凉通风处休息，补充含盐清凉饮料或注射葡萄糖生理盐水。对重症病人首要措施是降温：用冰水、井水或酒精擦洗全身；在头部、腋下、腹股沟等大血管处放置冰袋；或将全身（头部除外）浸在4℃水浴中，努力使体温回降，并送医院急救。

发现自己和其他人有先兆中暑和轻症中暑表现时，首先要做的是迅速撤离引起中暑的高温环境，选择阴凉通风的地方休息；并多饮用一些含盐分的清凉饮料。还可以在额部、颞部涂抹清凉油、风油精等，或服用人丹、十滴水、藿香正气水等中药。如果出现血压降低、虚脱时应立即平卧，及时上医院静脉滴注盐水。对于重症中暑者除了立即把中暑者从高温环境中转移至阴凉通风处外，还应该迅速将其送至医院，同时采取综合措施进行救治。若远离医院，应将病人脱离高温环境，用湿床单或湿衣服包裹病人并给强力风扇，以增加蒸发散热。在等待转运期间，可将病人浸泡于湖泊或河流，甚至用雪或冰冷却，若病人出现发抖，应减缓冷却过程，因为发抖可增加核心体温。警告：应每10分钟测1次体温，不允许体温降至38.3℃以下，以免继续降温而导致低体温。

小贴士

掌握中暑的简单紧急处理方法十分必要和重要。野外作业者、过度疲劳者、久病者、老年人以及产妇等均属于容易中暑的人群，家里人应当予以照顾，防止发生中暑的危险。

# 8.身边如果有人中暑需要怎么做?

安全博士讲堂

如果身边的人有头晕、恶心、心慌等症状，很可能就是中暑了。此时，应立即让其停下正在做的事情，找一个阴凉处坐下休息；同时补充水分，小口慢饮，以防加重心脏负担。让其解开领口扣子、领带、皮带等，保持身体周围通风，并涂抹或服用解暑药物并按压人中、虎口等穴位帮助恢复意识；在经过一段时间休息后，若症状不减反增，应及时就医。

如果未成年学生发现自己或他人有中暑症状时，应当迅速撤离高温环境，到阴凉通风的地方休息；并引用一些含盐分的清凉饮料。如果出现血压降低、虚脱时应立即平卧，及时上医院静脉注射盐水。对于重症中暑者，除了立即把中暑者从高温环境中转移至阴凉通风处外，还应该迅速将其送至医院。

小贴士

在外出时，要做好防晒工作，戴太阳镜、遮阳帽或使用遮阳伞，穿透气性好的棉质或真丝面料衣服。烈日炎炎下长时间骑车最好穿长袖衬衫，或使用披肩，戴遮阳帽。进行长时间户外运动时，要准备好防暑药品，如藿香正气水、十滴水、仁丹等。中午至下午2时阳光最强时，尽量不要待在户外，有条件的可适当进行午休。空调温度不要开得过低，因为室内外温差太大也会导致中暑。

# 9.夏天吃什么有助于避暑？

安全博士讲堂

夏天是一年中人体代谢最旺盛的季节，也是营养消耗量最大的季节。

人的睡眠较少，食欲也不佳，同时由于出汗多，易损耗掉大量水分和营养物质，因此专家提醒：这段时期要注意适当"补充"，注意机体营养平衡和饮食卫生。

在调味方面可用醋、大蒜、生姜、芥末等酸、辛、香等作料，起到清瘟杀菌、解毒和增强食欲的作用。夏天做菜可适当咸一些，因为出汗比较多，带走的盐分也多；另外，大量喝水也会冲淡胃液，所以，菜中适当多放些盐来补充盐分是必要的。夏季还可吃点生姜，有利于食物消化吸收，对心脏、血管有一定的刺激作用，使心跳加速，血流循环加快，汗毛孔张开，汗液排泄通畅，对防暑有一定的好处。

（1）补充蛋白质。夏季人体营养消耗大，代谢机能旺盛，所以，要常吃些富含优质蛋白质，又易于消化的食品，如蛋类、鱼类及含脂肪少的肉类、豆制品、牛奶等。

（2）补充维生素。在夏天人体维生素需要量比其他时候要高一倍或一倍以上，因此，可多吃些新鲜蔬菜和水果，如西红柿、西瓜、甜瓜、水蜜桃、李子、杨梅等，这些都富含维生素C。

（3）多喝汤。当人出汗比较多，体液损耗比较大的时候，多喝汤既能及时补充水分，又有利于消化吸收。简单易学的"防暑汤"如山楂汤、绿豆酸梅汤、金银花汤、西瓜翠衣汤等。

（4）多饮茶。研究人员对炎热天喝温茶水和喝饮料的两组人员的测定表明，温茶能降低皮肤温度1～2度，而冷饮只能使口腔周围变冷；喝茶者感觉清凉舒适，渴感全消，而喝冷饮者，周身不畅，渴感未消。高温作业者如能在温茶中适当加点盐，以弥补出汗过多而丢失的盐分，对预防中暑更有裨益。

（5）多吃粥。在炎热的夏季，人的肠胃因受暑热刺激，功能会相对减弱，容易发生头重倦怠、食欲不振等不适，重者还会中暑。因此，夏季喝消暑保健粥则是饮食调理措施之一，如绿豆粥、金银花粥、薄荷粥、莲子粥、荷叶粥、莲藕粥等。

（6）多吃青菜。天热湿气重，人们一般都喜欢吃清淡味鲜而不油腻的食物，而青菜既有这种特点，又含有丰富的维生素和矿物元素。所以，应尽量多吃青菜，如各种豆类、瓜类、小白菜、香菜等。既可以凉拌生吃，也可放少许瘦肉丝炒熟吃。

（7）多吃瓜果。瓜果汁多味甜，不仅生津止渴，也能清热解暑。西瓜味甜、多汁、性凉，是清暑解渴的瓜类之首。另外，香瓜、黄瓜洗净之后生食，或榨汁之后饮用，都有很好的清热解暑作用。猕猴桃含有大量维生素C，有非常好的清热解暑作用，是高温和野外作业人员经常选用的果品和饮料。

小贴士

盛夏时节，环境温度过高，空气湿度大，人体内热量不易散发，热量积存过多，这样会导致体温调节中枢失控而发生中暑。因此，防暑除了注意物理降温之外，还要注意在饮食方面的调理。讲究饮食的保健可以有效预防中暑。

# 10.中暑以后在饮食方面有哪些禁忌？

安全博士讲堂

夏季，天气炎热，特别是进入盛夏后，空气湿度明显增大，空气流通性差，天气显得闷热异常。常在室外劳作的人们，很容易发生中暑。中暑后除及时采取治疗外，在饮食上也有四忌需要引起人们的重视。

（1）忌大量饮水。中暑的人应该采取少量、多次饮水的方法，每次以不超过300毫升为宜。切忌狂饮不止。因为，大量饮水不但会冲淡胃液，进而影响消化功能，还会引起反射排汗亢进。结果会造成体内的水分和盐分大量流失，严重者可以诱发热痉挛。

（2）忌大量食用生冷瓜果。中暑的人大多属于脾胃虚弱，如果大量吃进生冷瓜果、寒性食物，会损伤脾胃阳气，使脾胃运动无力，寒湿内滞，严重者则会出现腹泻、腹痛等症状。

（3）忌吃大量油腻食物。中暑后应该少吃油腻食物，以适应夏季胃肠的消化功能。如果吃了大量的油腻食物会加重胃肠的负担，使大量血液滞留于胃肠道，输送到大脑的血液相对减少，人体就会感到疲惫加重，更容易引起消化不良。

（4）忌单纯进补。人们中暑后，暑气未消，虽有虚症，却不能单纯进补。如果认为身体虚弱急需进补就大错特错了。因为进补过早的话，会使暑热不易消退，或者是本来已经逐渐消退的暑热会再卷土重来，那时就更得不偿失了。

小贴士

忌大量饮水，忌大量食用生冷瓜果，忌吃大量油腻食物和忌单纯进补是发生中暑之后。在饮食方面的四个禁忌，我们一定要牢记。

# 第九章　霜冻、寒潮和冰雹灾害

霜冻是指生长季节里因气温降到 0℃ 或 0℃ 以下而使植物受害的一种农业气象灾害。寒潮是冬季的一种灾害性天气，就是北方的冷空气大规模地向南侵袭，造成大范围急剧降温和偏北大风的天气过程。而冰雹也叫"雹"，俗称雹子，有的地区叫"冷子"，是夏季或春夏之交最为常见的一种固态降水物。霜冻、寒潮和冰雹都会给人们的生产、生活带来不便甚至是损失。那么，如何认识霜冻、寒潮和冰雹？它们会有哪些危害？可以采取哪些措施预防霜冻、寒潮和冰雹？

# 1.什么是霜冻灾害?

**安全故事会**

2006年9月中国东北、华北及西北部分地区出现不同程度霜冻，本应在9月中下旬才出现的初霜冻在上旬就提前现身，致使玉米等秋粮作物灌浆停止甚至死亡。仅内蒙古自治区兴安盟就有260万亩农作物受灾。

**安全博士讲堂**

霜冻在秋、冬、春三季都会出现。霜冻是指空气温度突然下降，地表温度骤降到0℃以下，使农作物受到损害，甚至死亡。它与霜不同，霜是近地面空气中的水汽达到饱和，并且地面温度低于0℃，在物体上直接凝华而成的白色冰晶，有霜冻时并不一定是霜。此外，温度低于地面和物体表面上有水汽凝结成白色结晶的是白霜；水汽含量少没结霜称黑霜；两者对农作物都有冻害的，称霜冻。

霜冻一般分为三种类型。由北方强冷空气入侵酿成的霜冻，常见于长江以北的早春和晚秋，以及华南和西南的冬季，北方群众称之为"风霜"，气象学上叫做"平流霜冻"。在晴朗无风的夜晚，地面因强烈辐射散热而出现低温，群众称之为"晴霜"或"静霜"，气象学上叫做辐射霜冻。先因北方强冷空气入侵，气温急降，风停后夜间晴朗，辐射散热强烈，气温再度下降，造成霜冻，这种霜冻称为混合霜冻或平流辐射霜冻，也是最为常见的一种霜冻。一旦发生这种霜冻，往往降温剧烈，空气干冷，很容易使农作物和园林植物枯萎死亡。所以对这类霜冻应特别引起注意，以免造成严重的经济损失。

小贴士

中国地域广阔，初霜冻日出现日期也大不相同。新疆北部、内蒙古及东北北部地区9月中旬出现初霜；东北大部、华北北部、西部及西北地区在9月下旬到10月上旬出现；11月上旬初霜线南移至秦淮一带；11月下旬到达西南及长江中下游地区；12月上旬到达南岭；华南中北部初霜冻则在12月下旬到1月中旬之间出现。

# 2.霜冻对农作物有哪些危害？

安全博士讲堂

霜冻是一种较为常见的农业气象灾害，发生在冬春季，多为寒潮南下，短时间内气温急剧下降至零摄氏度以下引起；或者受寒潮影响后，天气由阴转晴的当天夜晚，因地面强烈辐射降温所致，也就是人们常说的"雪上加霜"。霜冻对园林植物的危害，主要是使植物组织细胞中的水分结冰，导致生理干旱，而使其受到损伤或死亡，给园林生产造成巨大损失。

作物内部都是由许许多多的细胞组成的，作物内部细胞与细胞之间的水分，当温度降到摄氏零度以下时就开始结冰，从物理学中得知，物体结冰时，体积要膨胀。因此当细胞之间的冰粒增大时，细胞就会受到压缩，细胞内部的水分被迫向外渗透出来，细胞失掉过多的水分，它内部原来的胶状物就逐渐凝固起来，特别是在严寒霜冻以后，气温又突然回升，则作物渗出来的水分很快变成水汽散失掉，细胞失去的水分无法复原，作物便会死去。

小贴士

初霜冻出现时，如果作物已经成熟收获，即使再严重也不会造成损失，而中国北方地区常因初霜冻出现早，秋收作物还没有完全成熟就遭受霜冻危害，造成大面积减产。因此，霜冻对农作物常常造成很大的危害，给农业生产带来损失。

# 3.什么是寒潮灾害?

安全故事会

1969年4月21～25日的寒潮，强风袭击了渤海、黄海以及河北、山东、河南等省，陆地风力7～8级，海上风力8～10级。此时正值天文大潮，寒潮暴发造成了渤海湾、莱州湾几十年来罕见的风暴潮。在山东北岸一带，海水上涨了3米以上，冲毁海堤50多千米，海水倒灌30～40千米。

安全博士讲堂

寒潮是冬季的一种灾害性天气，群众习惯把寒潮称为寒流。所谓寒潮，就是北方的冷空气大规模地向南侵袭我国，造成大范围急剧降温和偏北大风的天气过程。寒潮一般多发生在秋末、冬季、初春时节。我国气象部门规定：冷空气侵入造成的降温，一天内达到10℃以上，而且最低气温在5℃以下，则称此冷空气暴发过程为一次寒潮过程。可见，并不是每一次冷空气南下都称为寒潮。

在北极地区由于太阳光照弱，地面和大气获得热量少，常年冰天雪地。到了冬天，太阳光的直射位置越过赤道，到达南半球，北极地区的寒冷程度更加增强，范围扩大，气温一般都在零下40℃~零下50℃以下。范围很大的冷气团聚集到一定程度，在适宜的高空大气环流作用下，就会大规模向南入侵，形成寒潮天气。

小贴士

入侵我国的寒潮主要有三条路径：①西路：从西伯利亚西部进入我国新疆，经河西走廊向东南推进；②中路：从西伯利亚中部和蒙古进入我国后，经河套地区和华中地区南下。③东路：从西伯利亚东部或蒙古东部进入我国东北地区，经华北地区南下。另外，东路和西路的两条路径时常同时来袭，东路冷空气从河套下游南下，西路冷空气从青海东南下，两股冷空气常在黄土高原东侧，黄河、长江之间汇合，汇合时造成大范围的雨雪天气，接着两股冷空气合并南下，出现大风和明显降温。

# 4.寒潮是如何形成的?

　　我国位于欧亚大陆的东南部。从我国往北去，就是蒙古国和俄罗斯的西伯利亚。西伯利亚是气候很冷的地方，再往北去，就到了地球最北的地区——北极了。那里比西伯利亚地区更冷，寒冷期更长。影响我国的寒潮就是从那些地方形成的。

　　位于高纬度的北极地区和西伯利亚、蒙古高原一带地方，一年到头受太阳光的斜射，地面接收太阳光的热量很少。尤其是到了冬天，太阳光线南移，北半球太阳光照射的角度越来越小，因此，地面吸收的太阳光热量也越来越少，地表面的温度变得很低。在冬季北冰洋地区，气温经常在-20℃以下，最低时可到-70℃～-60℃。1月份的平均气温常在-40℃以下。

　　由于北极和西伯利亚一带的气温很低，大气的密度就要大大增加，空气不断收缩下沉，使气压增高，这样，便形成一个势力强大、深厚宽广的冷高压气团。当这个冷性高压势力增强到一定程度时，就会像决了堤的海潮一样，一泻千里，汹涌澎湃地向我国袭来，这就是寒潮。

小贴士

　　每一次寒潮暴发后，西伯利亚的冷空气就要减少一部分，气压也随之降低。但经过一段时间后，冷空气又重新聚集堆积起来，孕育着一次新的寒潮的暴发。冷空气的发源地主要有：①新地岛以西洋面上；②新地岛以东洋面上；③冰岛以南洋面上。据中央气象台统计资料，我国95%的冷空气都要经过西伯利亚中部地区并在那里积累加强，所以这个地区就称为寒潮关键区。

# 5.寒潮的利弊都是什么?

**安全故事会**

1987年11月下旬的一次寒潮过程，使哈尔滨、沈阳、北京、乌鲁木齐等铁路局所管辖的不少车站道岔冻结，铁轨被雪埋，通信信号失灵，列车运行受阻。雨雪过后，道路结冰打滑，交通事故明显上升。

**安全博士讲堂**

寒潮和强冷空气通常带来的大风、降温天气，是我国冬半年主要的灾害性天气。寒潮大风对沿海地区威胁很大。寒潮带来的雨雪和冰冻天气对交通运输危害不小。寒潮袭来对人体健康危害很大，大风降温天气容易引发感冒、气管炎、冠心病、肺心病、中风、哮喘、心肌梗塞、心绞痛、偏头痛等疾病，有时还会使患者的病情加重。

但很少被人提起的是，寒潮也有有益的影响。地理学家的研究分析表明，寒潮有助于地球表面热量交换。随着纬度增高，地球接收太阳辐射能量逐渐减弱，因此地球形成热带、温带和寒带。寒潮携带大量冷空气向热带倾泻，使地面热量进行大规模交换，这非常有助于自然界的生态保持平衡，保持物种的繁茂。

有道是"寒冬不寒，来年不丰"，有其科学道理。农作物病虫害防治专家认为，寒潮带来的低温，是目前最有效的天然"杀虫剂"，可以大量杀死潜伏在土壤中过冬的害虫和病菌，或抑制其滋生，减轻来年的病虫害。据各地农技站调查数据显示，凡大雪封冬之年，农药可节省60%以上。寒潮还可带来风资源。科学家认为，风是一种无污染的宝贵动力资源。举世瞩目的日本宫古岛风能发电站，寒潮期的发电效率是平时的1.5倍。

小贴士

气象学家认为，寒潮是风调雨顺的保障。我国受季风影响，冬天气候干旱，为枯水期。但每当寒潮南侵时，常会带来大范围的雨雪天气，缓解了冬天的旱情，使农作物受益。"瑞雪兆丰年"这句农谚为什么能在民间千古流传？就是因为雪水中的氮化物含量高，是普通水的5倍以上，可使土壤中氮素大幅度提高。雪水还能加速土壤有机物质分解，从而增加土中有机肥料。大雪覆盖在越冬农作物上，就像棉被一样起到抗寒、保温作用。

# 6.如何预防寒潮天气带来的危害？

安全博士讲堂

寒潮的暴发在不同的地域环境下具有不同的特点：在西北沙漠和黄土高原，表现为大风少雪，极易引发沙尘暴天气；在内蒙古草原则为大风、吹雪和低温天气；在华北、黄淮地区，寒潮袭来常常风雪交加；在东北表现为更猛烈的大风、大雪，降雪量为全国之冠；在江南常伴随着寒风、苦雨。

寒潮的预防，要注意以下几点：

（1）当气温发生骤降时，要注意添衣保暖，特别是要注意手、脸的保暖。

（2）关好门窗，固紧室外搭建物。

（3）外出当心路滑跌倒。

（4）老弱病人，特别是心血管病人、哮喘病人等对气温变化敏感的人群尽量不要外出。

（5）注意休息，不要过度疲劳。

（6）采用煤炉取暖的家庭要提防煤气中毒。

（7）应加强天气预报，提前发布准确的寒潮消息或警报。

（8）发布准确的寒潮消息或警报，使海上船舶及时返航。

（9）事先对农作物、畜群等作好防寒准备。

小贴士

受到寒潮侵袭的地方，常常是风向迅速转变，风速增大，气压突然上升，温度急剧下降，同时还可能下雨、下雪，出现霜和冰冻现象。寒潮南下，在我国西北和内蒙古及北方地区常有大风沙尘天气。在淮河以北地区一般表现为少雨，偶尔有降雪。过淮河后，降水机会增多。在我国冬季，寒潮一般是每隔3~8天出现一次，比较强大的寒潮，平均每年有4次左右。当寒潮向南方大规模流动时，暖空气也随之"节节败退"，因此所经过的地区，首先要受到暖空气的影响，温度显著升高。如果所经过的地区原来就已经在暖气团控制下，那么在寒潮前面暖空气不断输送之下，也会出现温度猛烈升高的天气。因而经常在寒潮之前要暖和一两天。寒潮会给人们的生产生活带来这样那样的损失，但是如果我们掌握其发生发展的规律，树立起防范寒潮的意识，并采取正确的预防措施，一定会减少其带来的损失。

# 7.寒潮大风有哪些危害？

安全博士讲堂

寒潮是一种大型天气过程，会造成沿途大范围的剧烈降温、大风和风雪天气，由寒潮引发的大风、霜冻、雪灾、雨凇等灾害对农业、交通、电力、航海以及人们健康都有很大的影响。

寒潮大风是由寒潮天气引起的主要自然灾害。寒潮大风涉及面较广，我国北方地区的内蒙古、甘肃、宁夏、陕西北部、山西北部、河北、河南北部以及黑龙江、吉林和辽宁等地均是寒潮大风频发的地区，淮河以南到我国南海中部海域也可以出现寒潮大风。寒潮大风主要是偏北大风，风力通常为5~6级，当冷空气强盛或地面低压强烈发展时，风力可达7~8级，瞬时风力会更大。

寒潮大风造成的灾害主要取决于风力和大风持续的时间。就全国来看，瞬时出现的最大风速，除了高山和有利的地形外，只有内蒙古北部出现过40m/s以上的寒潮大风。据多年大风过程统计，我国沿海较内陆大风时间长，北方较南方大风时间长，偏北大风比偏南大风持续时间长。寒潮大风对农业生产、渔业生产、航运和军事活动等会造成很大影响，严重的可酿成灾害，给国民经济带来巨大的损失。

小贴士

我国有三个大风日数高频区：第一个是青藏高原，年大风日数达75~100天及以上，是我国范围最大的大风天气高发区，经常引起雪域高原出现大风灾害，影响牧业生产。第二个是内蒙古北部和新疆西北部，该地区是寒潮入侵的必经之路，尤其内蒙古北部地势平坦，寒潮大风畅行无阻，大风日数多达50~80天，导致该地区风沙及风蚀沙化非常严重，对农牧业生产影响很大。第三个大风高频区是东北地区的松辽平原，大风日数在25~50天左右，该地区是东北气旋发展加强的区域，并且其西部有大兴安岭和内蒙古高原，东部有小兴安岭和长白山，大地形的狭管效应增强了风力。该地区春季寒潮大风频繁，常造成春旱，影响春播生产。

# 8.寒潮冻害有哪些危害?

安全博士讲堂

寒潮天气的一个明显特点是剧烈降温,低温能导致作物霜冻害、河港封冻、交通中断,常会给工农业带来经济损失。寒潮冻害特指冬季严寒对越冬作物的冻害。寒潮天气过程是高纬地区大规模的强冷空气南下,使经过之地出现剧烈降温和大风的天气过程。当气温下降到0℃(冰点)以下或较长时间持续在0℃以下,就会引发越冬作物的植株体结冰而丧失一切生理活动,造成植株枯萎或死亡,严重的低温也能引起牲畜患病或冻死,造成严重的农牧业气象灾害,即寒潮冻害。寒潮冻害主要是0℃(冰点)以下的低温造成植物组织冰冻而受害。很多研究成果表明,低温导致细胞组织结冰是植物死亡之原因。

冻害对农业威胁很大,如我国的冬小麦和柑橘生产常因冻害而遭受巨大损失。寒潮冻害不仅取决于寒潮路径和强度,而且与农作物种类和地理位置有密切关系。我国受冻害影响最大的是北方冬麦区,冻害发生最多的区域是北方和长江中下游地区。长江以北冬麦区因降雪少,秋旱,冷空气活动频繁,山川河谷容易积聚冷空气,常出现冻害;长江流域及其以南地区,因丘陵山地多,冷空气南下受山脉阻滞,停留堆积,导致洞庭湖盆地和浙、闽丘陵地区出现的冻害持续时间长、温度低,并常伴有降雪、冻雨天气,部分江河湖泊封冻,使麦类、油菜、蚕豆、豌豆和柑橘类经济林木遭受严重冻害。在西部的荒漠和高寒山区,因很少有越冬作物,因此寒潮对农业生产的影响并不大。

小贴士

在我国，小麦是仅次于水稻的主要粮食作物，历年种植面积占全国耕地总面积的22%～30%，占粮食作物面积的20%～27%，分布遍及全国各省区。我国主要种植的是冬小麦。冬小麦冻害是多种因素综合影响的结果，其中0℃以下低温是引起麦苗受伤害的主导因子。越冬麦苗能忍受一定强度的低温，一般在冬季高于-10℃的低温不会造成麦苗死亡。但当麦苗环境温度进一步降低到麦苗不能忍受的程度时，这部分麦苗就出现了死亡。

# 9.什么是冰雹灾害?

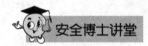

安全博士讲堂

冰雹也叫"雹"，俗称雹子，有的地区叫"冷子"，夏季或春夏之交最为常见。它是一些小如绿豆、黄豆，大似栗子、鸡蛋的冰粒。我国除广东、湖南、湖北、福建、江西等省冰雹较少外，各地每年都会受到不同程度的雹灾。尤其是北方的山区及丘陵地区，地形复杂，天气多变，冰雹多，受害重，对农业危害很大。猛烈的冰雹砸毁庄稼，损坏房屋，人被砸伤、牲畜被砸死的情况也常常发生；特大的冰雹甚至能比柚子还大，会致人死亡，毁坏大片农田和树木，摧毁建筑物和车辆等，具有强大的杀伤力。雹灾是我国严重灾害之一。

冰雹是一种固态降水物。系圆球形或圆锥形的冰块，由透明层和不透明层相间组成。直径一般为5～50毫米，最大的可达10厘米以上。雹的直径越大，破坏力就越大。目前，很多雹灾严重的国家已进行了人工防雹试验。

小贴士

　　冰雹灾害是由强对流天气系统引起的一种剧烈的气象灾害，它出现的范围虽然较小，时间也比较短促，但来势猛、强度大，并常常伴随着狂风、强降水、急剧降温等阵发性灾害性天气过程。中国是冰雹灾害频繁发生的国家，冰雹每年都给农业、建筑、通信、电力、交通以及人民生命财产带来巨大损失。据有关资料统计，我国每年因冰雹所造成的经济损失达几亿元甚至几十亿元。

# 10.冰雹是如何形成的?

安全博士讲堂

　　冰雹，人们常称为雹，它是在对流云中形成。当水汽随气流上升遇冷会凝结成小水滴，若随着高度增加温度继续降低，达到摄氏零度以下时，水滴就凝结成冰粒，在它上升运动过程中，并会吸附其周围小冰粒或水滴而长大，直到其重量无法为上升气流所承载时即往下降，当其降落至较高温度区时，其表面会融解成水，同时亦会吸附周围之小水滴，此时若又遇强大的上升气流再被抬升，其表面则又凝结成冰，如此反复进行如滚雪球般，其体积越来越大，直到它的重量大于空气的浮力，即往下降落，若达地面时未融解成水仍呈固态冰粒者称为冰雹，如融解成水就是我们平常所见的雨。

　　冰雹和雨、雪一样都是从云里掉下来的。不过下冰雹的云是一种发展十分强盛的积雨云，而且只有发展特别旺盛的积雨云才可能降冰雹。积雨云和各种云一样都是由地面附近空气上升凝结形成的。空气从地面上升，在上升过程中气压降低，体积膨胀，如果上升空气与周围没有热量交换，由于膨胀消耗能量，空气温度就要降低，这种温度变化称为绝热冷却。根据计算，在大气中空气每上升100米，因绝热变化会使温度降低1度左右。我们知道，在一定温度下，空气中容纳水汽有一个限度，达到这个限度就称为"饱和"，温度降低后，空气中可能容纳的水汽量就要降低。因此，原来没有饱和的空气在上升运动中由于绝热冷却可能达到饱和，空气达到饱和之后过剩的水汽便附着在飘浮于空中的凝结核上，形成水滴。当温度低于摄氏零度时，过剩的水汽便会凝华成细小的冰晶。这些水滴和冰晶聚集在一起，飘浮于空中便成了云。

一般积雨云可能产生雷阵雨，而只有发展特别强盛的积雨云，云体十分高大，云中有强烈的上升气体，云内有充沛的水分，才会产生冰雹，这种云通常也称为冰雹云。冰雹云是由水滴、冰晶和雪花组成的。一般为三层：最下面一层温度在0℃以上，由水滴组成；中间温度为-20℃～0℃，由过冷却水滴、冰晶和雪花组成；最上面一层温度在-20℃以下，基本上由冰晶和雪花组成。冰雹和雨、雪一样，都是从云里掉下来的，它是从积雨云中降落下来的一种固态降水。

小贴士

冰雹的形成需要以下几个条件：

（1）大气中必须有相当厚的不稳定的云层存在。

（2）积雨云必须发展到能使个别大水滴冻结的高度（一般认为温度达-16℃～-12℃）。

（3）要有强的风切变。

（4）云的垂直厚度不能小于6～8千米。

（5）积雨云内含水量丰富。一般为3～8g/m³，在最大上升速度的上方有一个液态过冷却水的累积带。

（6）云内应有倾斜的、强烈而不均匀的上升气流，一般在10～20m/s以上。

第九章

# 11.冰雹有哪些危害？

安全博士讲堂

　　冰雹灾害是由强对流天气系统引起的一种剧烈的气象灾害，它出现的范围虽然较小，时间也比较短促，但来势猛、强度大，并常常伴随着狂风、强降水、急剧降温等阵发性灾害性天气过程。冰雹每年都给农业、建筑、通信、电力、交通以及人民生命财产带来巨大损失。据有关资料统计，我国每年因冰雹所造成的经济损失达几亿元甚至几十亿元。

　　许多人在雷暴天气中曾遭遇过冰雹，通常这些冰雹最大不会超过垒球大小，它们从暴风雨云层中落下。然而，有的时候，冰雹的体积却很大，曾经有80磅的冰雹从天空中降落的记录，当它们落在地面上会分裂成许多小块。最神秘的是天空无云层状态下巨大的冰雹从天垂直下落，科学家仍无法解释为什么会出现如此巨大的冰雹。

小贴士

　　冰雹既然有这么多的危害，那么发生冰雹时，我们应该怎么办呢？①关好门窗，妥善安置好易受冰雹大风影响的室外物品。

汽车最好停在车库里，当然事先给车买保险就更好了。②居民切勿随意外出，确保老人、小孩留在家中。③幼儿园小朋友、学校的学生应安置在教室内，暂停户外活动。④户外作业人员要停工，应立即到室内暂避。⑤户外人员不要进入孤立棚屋、岗亭等建筑物，或在高楼烟囱、电线杆或大树底下躲避冰雹，尽量找到一个坚固的地方躲避，尤其是在出现雷电时。⑥在作好防雹准备的同时，也要作好防雷电的准备。

# 12.如何预测冰雹呢？

安全博士讲堂

冰雹是春夏季节一种对农业生产危害较大的灾害性天气。冰雹出现时，常常伴有大风、剧烈的降温和强雷电现象。一场冰雹袭击，轻者减产，重者绝收。那么如何预测冰雹和预防冰雹呢？气象台站根据天气图、卫星云图分析和雷达监测，虽能提前作出预报，但准确度仍然不是很理想。但广大劳动人民经过长期的实践，积累了比较丰富的预测冰雹的经验，这些经验尽管预测时效不长，但比较好用，归纳几条以供参考。

一、感冷热

如果下雹季节的早晨凉，湿度大，中午太阳辐射强烈，造成空气对流旺盛，则易发展成积雨云而形成冰雹。故有"早晨凉飕飕，午后打破头"、"早晨露水重，后响冰雹猛"的说法。

二、辨风向

下雹前常常出现大风而风向变化剧烈。农谚有"恶云见风长，冰雹随风落"、"风拧云转、雹子片"等说法。另外，如果连续刮南风以后，风向转为西北或北风，风力加大时，则冰雹往往伴随而来，因此有"不刮东风不下雨，不刮南风不降雹"之说。

三、观云态

各地有很多谚语是从云的颜色来说明下冰雹前兆的,例如"不怕云里黑乌乌,就怕云里黑夹红,最怕红黄云下长白虫","黑云尾、黄云头,冰雹打死羊和牛",因为云的颜色,先是顶白底黑,然后中部现红,形成白、黑、红乱绞的云丝,云边呈上黄色。从云状为冰雹前兆的说法还有"午后黑云滚成团,风雨冰雹一齐来","天黄闷热乌云翻,天河水吼防冰雹"等,说明当时空气对流极为旺盛,云块发展迅猛,好像浓烟一股股地直往上冲,云层上下前后翻滚,这种云极易降冰雹。

四、听雷声

雷声沉闷,连绵不断,群众称这种雷为"拉磨雷"。所以有"响雷没有事,闷雷下蛋子"的说法。这是因为冰雹云中横闪比竖闪频数高,范围广,闪电的各部分发出的雷声和回声,混杂在一起,听起来有连续不断的感觉。

五、识闪电

一般冰雹云中的闪电大多是云块与云块之间的闪电,即"横闪",说明云中形成冰雹的过程进行得很厉害。故有"竖闪冒得来,横闪防雹灾"的说法。

六、看物象

各地看物象测冰雹的经验很多,如贵州有"鸿雁飞得低,冰雹来得急"、"柳叶翻,下雹天",山西有"牛羊中午不卧梁,下午冰雹要提防"、"草心出白珠,下雨降雹稳"等谚语。以上经验一般不要只据某一条就作定断,而须综合分析运用。

小贴士

劳动人民在长期与大自然斗争中根据对云中声、光、电现象的仔细观察,在认识冰雹的活动规律方面积累了丰富的经验。根据雷雨云和冰雹云中雷电的不同特点,有"拉磨雷电一堆"的说法。各地群众还观察到,冰雹来临以前,云内翻腾滚动十分厉害。有些地方把这种现象叫"云打架"。常常是两块或几块浓积云相对运动后合并而加强发展。另外，在冰雹云来临时，天空常常显出红黄颜色。冰雹云底部是黑色或灰色，云体带杏黄色。有些地方有"地潮天黄，禾苗提防（防冰雹）"的说法。

# 13.如何防止冰雹灾害？

由于我国雹灾严重，所以防雹工作得到了政府的重视和支持。我国是世界上人工防雹较早的国家之一。目前，已有许多省建立了长期试验点，并进行了严格的试验，取得了不少有价值的科研成果。开展人工防雹，使其向人们期望的方向发展，达到减轻灾害的目的。目前常用的方法有：①用火箭、高炮或飞机直接把碘化银、碘化铅、干冰等催化剂送到云里去；②在地面上把碘化银、碘化铅、干冰等催化剂在积雨云形成以前送到自由大气里，让这些物质在雹云里起雹胚作用，使雹胚增多，冰雹变小；③在地面上向雹云放火箭打高炮，或在飞机上对雹云放火箭、投炸弹，以破坏对雹云的水分输送；④用火箭、高炮向暖云部分撒凝结核，使云形成降水，以减少云中的水分；⑤在冷云部分撒冰核，以抑制雹胚增长。

在农业防雹措施方面常用的方法有：①在多雹地带，种植牧草和树木，增加森林面积，改善地貌环境，破坏雹云条件，达到减少雹灾目的；②增种抗雹和恢复能力强的农作物；③成熟的作物及时抢收；④多雹灾地区降雹季节，农民下地随身携带防雹工具，如竹篮、柳条筐等，以减少人身伤亡。

# 第十章　干旱灾害

旱灾在世界范围内具有普遍性，波及范围最广、影响比较大。我国幅员辽阔，自古以来就时有旱灾发生，给农业生产带来比较大的破坏。而2010年的云南特大旱灾更给大家留下了比较深刻的印象。那么，什么是旱灾？旱灾预警信号级别有哪些？旱灾有哪些危害？中国历史上比较大的旱灾有哪些？有哪些防旱抗旱措施？

# 1.什么是干旱灾害？

**安全故事会**

云南、贵州、广西、重庆、四川等地的干旱，始于2009年末，至2010年3月仍在持续。云南省昆明市石林县高石哨绿塘子水库见底，云南大部、贵州西部和广西西北部已达特大干旱等级，其中云南旱情尤为严重。2010年，云南省预计全省小春粮食将因灾减产50%以上，甘蔗减产20%以上。全省因干旱新增缺粮人口331万，须救助的缺粮人口为714.78万人，较去年增加46.31%。省政府预测，3月、4月、5月全省饮水困难群众分别将达792万人、951万人、1014万人。

**安全博士讲堂**

干旱灾害即旱灾，指因气候严酷或不正常的干旱而形成的气象灾害。一般指因土壤水分不足，农作物水分平衡遭到破坏而减产或歉收从而带来粮食问题，甚至引发饥荒。同时，旱灾亦可令人类及动物因缺乏足够的饮用水而致死。此外，旱灾后则容易发生蝗灾，进而引发更严重的饥荒，导致社会动荡。

干旱灾害的起因在于：

（1）地壳板块滑移漂移，导致表层水分渗透流失转移，使地表丧失水分。

（2）水土流失，植被破坏。

（3）天文潮汛期所致。

（4）水利工程缺乏或者水利基础设施脆弱，没有涵养水源。

（5）没有顺应洪涝和干旱汛期规律，做到洪涝时蓄水涵养，干旱期取水调水，遵循自然规律，促进水资源动态平衡。

（6）其他。

旱灾，在我国自古以来就是一种比较常见的自然灾害。旱灾发生频繁，受灾规模也很大，旱灾以后，往往还会引发其他的灾害，给人类带来巨大的损失。旱灾的发生很多是因为自然原因，但近年来，因为人文因素导致的旱灾也越来越多。因此，保护环境是一项刻不容缓的事情。我们应当倡导低碳生活，为人类的可持续发展贡献自己应有的力量。

# 2.我国容易发生旱灾的地区有哪些？

旱灾是普遍性的自然灾害，不仅农业受灾，严重的还影响到工业生产、城市供水和生态环境。中国通常将农作物生长期内因缺水而影响正常生长称为受旱，受旱减产三成以上称为成灾。经常发生旱灾的地区称为易旱地区。

旱灾的形成主要取决于气候。通常将年降水量少于250毫米的地区称为干旱地区，年降水量为250～500毫米的地区称为半干旱地区。世界上干旱地区约占全球陆地面积的25%，大部分集中在非洲撒哈拉沙漠边缘、中东和西亚、北美西部、澳洲的大部和中国的西北部。这些地区常年降雨量稀少而且蒸发量大，农业主要依靠山区融雪或者上游地区来水，如果融雪量或来水量减少，就会造成干旱。世界上半干旱地区约占全球陆地面积的30%，包括非洲北部一些地区，欧洲南部，西南亚；北美中部以及中国北方等。这些地区降雨较少，而且分布不均，因而极易造成季节性干旱，或者常年干旱甚至连续干旱。

中国大部属于亚洲季风气候区，降水量受海陆分布、地形等因素影响，在区域间、季节间和多年间分布很不均衡，因此旱灾发生的时期和程度有明显的地区分布特点。秦岭—淮河以北地区春旱突出，有"十年九春旱"之说。黄淮海地区经常出现春夏连旱，甚至春夏秋连旱，是全国受旱面积最大的区域。长江中下游地区主要是伏旱和伏秋连旱，有的年份虽在梅雨季节，还会因梅雨期缩短或少雨而形成干旱。西北大部分地区、东北地区西部常年受旱。西南地区春夏旱对农业生产影响较大，四川东部则经常出现伏秋旱。华南地区旱灾也时有发生。

# 3.旱灾对农业的危害有哪些?

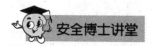
安全博士讲堂

旱灾对农业的影响非常大，通常会产生以下危害：

（1）多种作物不能及时播种，普遍形成晚播晚发。有效积温相对减少，生长发育后延，成熟期推迟，普遍变成晚茬作物。

（2）长期干旱造成了农作物植株小、根系弱、叶片面积小，生物产量大幅度减少，直接影响经济产量。

（3）由于受害程度不同，农作物播种有早有晚，品种杂乱，长势不整齐，给管理造成困难。

（4）受害的农作物脆弱，抗逆能力差，管理措施效应慢，养分吸收慢，光合积累慢。

小贴士

旱灾是对农业危害比较严重的一种灾害。因为水是生命之源，一旦干旱发生，农作物的水分不能得到及时补充便很容易枯死，并且旱灾发生会严重影响人们的生活，人们需要四处找水、打水，一旦水源断绝便很难补给。因此，对于旱灾造成的危害我们绝不能小视。

# 4.应采取哪些措施防旱抗旱？

　　自然界的干旱是否造成灾害，受多种因素影响，对农业生产的危害程度则取决于人为措施。世界范围各国防止干旱的主要措施是：①兴修水利，发展农田灌溉事业；②改进耕作制度，改变作物构成，选育耐旱品种，充分利用有限的降雨；③植树造林，改善区域气候，减少蒸发，降低干旱风的危害；④研究应用现代技术和节水措施，例如人工降雨，喷滴灌、地膜覆盖、保墒，以及暂时利用质量较差的水源，包括劣质地下水甚至海水等。

　　1949年以来，中国兴修了大量水利工程，发展排灌事业，提高了抗旱能力。至1987年年底，我国排灌机械保有量593.5万台、6242.2万千瓦，配套机电井243万眼，全国有效灌溉面积达7.2亿亩。1989年虽遭特大干旱，由于各类水利工程发挥作用，通过引、提、蓄等多种措施，挖掘水源，扩大灌溉面积，仍保证了当年农业生产。中国人民积累起来的蓄水保墒、抗旱耕作措施，在战胜干旱中起了一定的作用。但是，全中国不少地区抗旱灾的能力还较低，旱灾威胁依然存在，抗旱任务仍很艰巨。

小贴士

为防止水土流失，减少干旱发生，我们要做到：

（1）多植树，多种草。

（2）沙地种草和树，防止土地沙化。

（3）防止土壤板结。

（4）多用农家肥，尽量少用无机肥。

（5）少用含磷一类的化肥。

# 第十一章　海啸灾害

中国既是一个陆地大国，也是一个海洋大国。我国海岸线长度为1.8万公里，居世界第四位。海岸线长，有利于发展海洋养殖、海洋旅游，对社会经济发展有利，但也给人们的生命和财产安全造成巨大威胁和隐患，尤其是，防治海啸灾害，已成为世界各国保障社会安定和经济发展的重要任务。什么是海啸？如何识别海啸的征兆？遭遇海啸，我们该怎么办？

# 1.什么是海啸?

安全故事会

印度洋海啸发生在2004年12月26日，这次地震发生的范围主要位于印度洋板块与亚洲板块的交界处，地处安达曼海。这场突如其来的灾难给印尼、斯里兰卡、泰国、印度、马尔代夫等国造成巨大的人员伤亡和财产损失。到2005年1月10日为止的统计数据显示，印度洋大地震和海啸已经造成15.6万人死亡，这可能是世界近200多年来死伤最惨重的海啸灾难。

安全博士讲堂

海啸亦称"海吼"、"海唑"，被誉为"地球的终极毁灭者"，是地球上最强大的自然灾害之一。海啸是由海底地震、火山爆发或巨大岩体塌陷和滑坡等导致的海水周期波动，能造成近岸海面大幅度涨落。因震波的动力而引起海水剧烈的起伏，形成强大的波浪，向前推进，海水往往冲上陆地，将沿海地带淹没，这种灾害称为海啸。海啸在许多西方语言中称为"tsunami"，词源自日语"津波"，即"港边的波浪"（"津"即"港"）。这也显示出了日本是一个经常遭受海啸袭击的国家。"tsunami"一词，在1963年的国际科学会议上正式列入国际术语。

小贴士

根据历史记录，20世纪至少发生过25次海啸，这显示海啸并不是非常罕见的现象。日本自1596年以来就遭受了20多次大海啸的袭击。1703年海啸袭击日本粟津，10万人遭难。1933年日本本州岛东岸遭海啸，约有3000人死亡。最近发生的9.0级强震引发的海啸，造成1万多人死亡，1.8万多人失踪。因此，未成年学生一定要意识到海啸的危害性。

# 2.海啸有哪些种类？

1883年8月26日和27日，印度尼西亚巽他海峡中的喀拉喀托火山大爆发，将20立方千米的岩浆喷到苏门答腊和爪哇之间的巽他海峡。当火山喷发到最高潮时，岩浆喷口倒塌，引发了一次大海啸。爪哇梅拉克的海浪高达40余米，苏门答腊的直落勿洞巨浪也高达36米，3.6万人遭难。海啸波及全球，连英吉利海峡的观潮器都录下了它的震波。

安全博士讲堂

海啸可分为四种类型，即由气象变化引起的风暴潮、火山爆发引起的火山海啸、海底滑坡引起的滑坡海啸和海底地震引起的地震海啸。地震海啸一般是海底发生地震时，海底地形急剧升降变动引起海水强烈扰动。其机制有两种形式："下降型"海啸和"隆起型"海啸。

"下降型"海啸：某些构造地震引起海底地壳大范围地急剧下降，海水首先向突然错动下陷的空间涌去，并在其上方出现海水大规模积聚，当涌进的海水在海底遇到阻力后，即翻回海面产生压缩波，形成长波大浪，并向四周传播与扩散，这种下降型的海底地壳运动形成的海啸在海岸首先表现为异常的退潮现象。1960年智利地震海啸就属于此种类型。

"隆起型"海啸：某些构造地震引起海底地壳大范围的急剧上升，海水也随着隆起区一起抬升，并在隆起区域上方出现大规模的海水积聚，在重力作用下，海水必须保持一个等势面以达到相对平衡，于是海水从波源区向四周扩散，形成汹涌巨浪。这种隆起型的海底地壳运动形成的海啸波在海岸首先表现为异常的涨潮现象。1983年5月26日，日本海7.7级地震引起的海啸就属于此种类型。

小贴士

在2004年的印度洋海啸和2010年的日本海啸中，造成了巨大的人员伤亡。但是在海啸发生前如果可以有所预防和准备，可以减轻损失。

# 3.海啸是如何发生的？

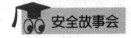

安全故事会

1946年4月1日，夏威夷曾发生过一次大海啸。这场海啸由发生在距夏威夷3750千米的阿留申群岛附近海底的7.3级地震引起。地震发生45分钟后，滔天巨浪首先袭击了阿留申群岛中的尤尼马克岛，彻底摧毁了一座架在12米高的岩石上的钢筋水泥灯塔和一座架在32米高的平台上的无线电差转塔。之后，海啸以喷气式飞机般的速度注南直扫而去，摧毁了夏威夷岛上的488栋建筑物，造成159人死亡。

海啸是一种具有强大破坏力的海浪。水下地震、火山爆发或水下塌陷和滑坡等大地活动都可能引起海啸。海啸通常由震源在海底下50千米以内、里氏地震规模6.5级以上的海底地震引起。地震发生时，海底地层发生断裂，部分地层出现猛然上升或者下沉，由此造成从海底到海面的整个水层发生剧烈"抖动"。这种"抖动"与平常所见到的海浪大不一样。地震引起的海水"抖动"则是从海底到海面整个水体的波动，其中所含的能量惊人。当海底地震导致海底变形时，变形地区附近的水体产生巨大波动，海啸就产生了。在另外一种情形下，当地震发生时，海底地面有一个大面积的抬升和下降。这时，地震区附近海域的海水也随之抬升和下降，然后就形成了海啸。海底火山爆发、土崩及人为的水底核爆炸也能造成海啸。

目前，人类对地震、火山、海啸等突如其来的灾害，只能通过观察、预测来预防或减少它们所造成的损失，但还不能阻止它们的发生。陨石撞击也会造成海啸，"水墙"可达百尺。而且陨石造成的海啸在任何水域也有机会发生，不一定在地震带。

不过陨石造成的海啸可能千年才会发生一次。

# 4.海啸的多发区在哪里？

安全博士讲堂

全球的海啸发生区大致与地震带一致。全球有记载的破坏性海啸大约有260次左右，平均大约六七年发生一次。发生在环太平洋地区的地震海啸约占80%。据1900年到1983年的统计，太平洋地区共发生405次海啸，其中造成伤亡和显著经济损失的达84次，即平均每年一次。还有人认为，这个区域至少每18个月就要发生一次破坏性海啸。世界海啸多发区为夏威夷群岛、阿拉斯加区域、堪察加—千岛群岛、日本及周围区域、中国及其邻近区域、菲律宾群岛、印度尼西亚区域、新几内亚区域—所罗门群岛、新西兰—澳大利亚和南太平洋区域、哥伦比亚—厄瓜多尔北部及智利海岸、中美洲及美国、加拿大西海岸，以及地中海东北部沿岸区域等。其中，日本列岛及附近海域的地震占太平洋地震海啸的60%左右，所以，日本是全球发生地震海啸并且受害最深的国家。

小贴士

专家认为，中国东部有三个主要地震海啸冲击危险区，即京津唐、苏北、南黄海地区和台湾地区。所以，中国也是国际上公认的海啸危险区之一。

# 5.海啸灾害的危害有哪些?

安全故事会

　　1960年5月22日下午19点11分，忽然地声大作，振耳欲聋。地震波像数千辆隆隆驶来的坦克车队从蒙特港的海底传来。不久，大地便剧烈地颤动起来。这次地震，是世界地震史上一次震级最高、最强烈的地震，震级达8.9级（后修订为9.5级）。它发生在位于太平洋智利海沟、蒙特港附近海底，影响范围在南北800千米长的椭圆内。这场超级强烈地震持续了将近3分钟之久，给当地居民带来了严重的灾难。蒙特港是智利的一个重要港口，设施完备先进，具有较强的吞吐能力，但在这场地震的淫威下，所有房屋设施都被震塌，许多人被埋进碎石瓦砾中。

　　大震之后，忽然海水迅速退落，露出了从来没有见过天日的海底，那些鱼、虾、蟹、贝等海洋动物，在海滩上拼命挣扎。一些有经验的人们知道大祸即将来临，纷纷逃向山顶，或登上搁浅的大船，以躲避即将发生的新劫难。大约过了15分钟后，海水又骤然而涨。顿时波涛汹涌澎湃，滚滚而来，浪涛高达8～9米，最高达25米。呼啸着的巨浪以摧枯拉朽之势，越过海岸线，袭击着智利和太平洋东岸的城市和乡村。那些留在广场、港口、码头和海边的人们顿时被吞噬，海边的船只、港口和码头的建筑物均被击得粉碎。随即，巨浪又迅速退去。所过之处，凡是能够带动的东西，都被潮水席卷而走。海潮如此一涨一落，反复震荡，持续了将近几个小时。太平洋东岸的城市刚被地震摧毁变成了废墟，此时又遭海浪的冲刷，那些掩埋于碎石、瓦砾之中还没有死亡的人们，却被汹涌而来的海水淹死。在几艘大船上，数千人在此避难，但随着大船被巨浪击碎或击沉，顿时被波浪全部吞没，无一

人幸免。太平洋沿岸，以蒙特港为中心，南北800千米，几乎被洗劫一空。

安全博士讲堂

地震海啸给人类带来的灾难是十分巨大的。剧烈震动后，巨浪呼啸，以摧枯拉朽之势，越过海岸线，越过田野，迅猛地袭击着岸边的城市和村庄。港口所有设施、被震塌的建筑物，在狂涛的洗劫下，被席卷一空。事后，海滩上一片狼藉，到处是残木破板和人畜尸体。

在智利大海啸的灾难中，还涉及相当广泛的地区。太平洋东西两岸，如美国夏威夷群岛、日本、俄罗斯、中国、菲律宾等许多国家与地区，都受到了不同程度的影响，有的损失也十分惨重。地震发生后，海啸波以每小时700千米的速度，横扫了西太平洋岛屿。仅仅14个小时，就到达了美国的夏威夷群岛。到达夏威夷群岛时，波高达9～10米，巨浪摧毁了夏威夷岛西岸的防波堤，冲倒了沿堤大量的树木、电线杆、房屋、建筑设施，淹没了大片大片的土地。不到24小时，海啸波走完了大约1.7万千米的路程。到达了太平洋彼岸的日本列岛。此时，海浪仍然十分汹涌，波高达6～8米，最大波高达8.1米。翻滚着的巨浪肆虐着日本诸岛的海滨城市。本州、北海道等地，停泊港湾的船只、沿岸的港湾和各种建筑设施，遭到了极大的破坏。临太平洋沿岸的城市、乡村和一些房屋以及一些还来不及逃离的人们，都被这突如其来的波涛卷入大海。这次由智利海啸波及的灾难，造成了日本数百人死亡，近4000所房屋被冲毁，沉没船只逾百艘，沿岸码头、港口及其设施多数被毁坏。智利大海啸还波及了太平洋沿岸的俄罗斯。在堪察加半岛和库页岛附近，海啸波涌起的巨浪亦达6～7米左右，致使沿岸的房屋、船只、码头、人员等遭到不同程度的破坏和损失。在菲律宾群岛附近，由智利海啸波及的巨浪也高达7～8米左右，沿岸城市和乡村居民遭到了同样的厄运。智利大海啸对太平洋沿岸大部分地区，都造成了程度不同的破坏，其影响范围之大，为历史所仅见。

## 6.海啸来临前有什么征兆?

### 安全故事会

地震使斯里兰卡失去了三万多生命，但是就在离海岸三公里远的国家公园也是其最大的野生动物保护区内，几百头野生大象、狮子和一些美洲豹狂躁不安，海啸到来前15分钟，这些动物冲出了动物园，然后向周围的高处迁逃。海啸引发的滔天洪水使国家公园周围变成了一片泽国，而动物们却安然无恙；同样在斯里兰卡，海啸到来前，500多只鹿快速冲出聚居的地方，拼命逃向旷野，结果海啸丝毫没有伤害到鹿的生命，海啸过后到处是人的尸体，但是却没有一具动物的尸体，不能不说是奇迹。

### 安全博士讲堂

海啸发生前是有征兆的，比如，海底的突然下沉，会引起水流向下沉的方向流动，从而出现快速的退潮。由于海啸能量的传播要作用于水，一个波与另一个波之间有一个距离，这个距离，就为那些有知识的人留下了逃生的时间。

小贴士

"最大的危险就是没有危机意识"，父母如果能让孩子多了解一点儿关于海啸的知识，多了解一些逃生方法，也许就能在灾难发生时及时抓住机会逃生，保护自己的生命安全。

# 7.人们旅游出行时遇到海啸该怎么办？

安全故事会

2004年12月26日，印度尼西亚苏门答腊外海发生了里氏9级的海底地震，由地震引起的印度洋海啸在几分钟内就吞噬了沿岸的城镇，一两个小时，就波及印度洋沿岸的多个国家，造成30多万人丧失了生命。在海啸刚开始时，巨浪从远处滚滚而来，面对巨浪很多人并不是及时逃生，而是驻足观望，因此丧失了宝贵的逃生机会。而在印度洋海啸曾波及的泰国普吉岛上，当时一个名叫蒂莉·史密斯的女孩正和家人在普吉岛度假，她在海滩散步时发现海水冒泡，发出斯斯的声音，就像煎锅一样。她想起地理课上曾学到过的知识，并且马上判断出这是海啸来临的迹象，于是她立即将自己的想法告诉了妈妈。她的妈妈马上向酒店工作人员反映了这一情况，并建议安排人员撤离，于是100多名游客被迅速疏散到安全地带。人群刚刚转移完毕，滔天的巨浪就汹涌而来，而此时海滩上已经空无一人。虽然普吉岛上有很多人丧生，但这个海滩和酒店却创造了无一人死亡的奇迹。

安全博士讲堂

地震是海啸最明显的前兆。如果你感觉到较强的震动，就不要到海边、江河的入海口附近去。如果听到有关附近地震的报告，要作好防海啸的准备，注意电视和广播新闻。要记住，海啸有时会在地震发生几小时后到达离震源上千公里远的地方。

海上船只听到海啸预警后应该避免返回港湾，因为海啸在海港中造成的落差和湍流非常危险。如果有足够时间，船主应该在海啸到来前把船开到开阔海面。如果没有时间开出海港，所有人员都要撤离停泊在海港里的船只。

海啸登陆时海水往往明显升高或降低，如果你看到海面后退速度异常快，立刻撤离到内陆地势较高的地方。

每个人都应该有一个急救包，里面应该有足够72小时用的药物、饮用水和其他必需品。这一点适用于海啸、地震和一切突发灾害。

第十二章　森林灾害

　　中国是一个森林资源大国。根据2008年的清查，全国森林面积1.95亿公顷，森林覆盖率20.36%，森林蓄积137.21亿立方米；其中，人工林保存面积0.62亿公顷，蓄积19.61亿立方米，人工林面积继续保持世界首位。森林在国民经济中占有重要地位，它不仅能提供国家建设和人民生活所需的木材及林副产品，而且还肩负着释放氧气、调节气候、涵养水源、保持水土、防风固沙、美化环境、净化空气、减少噪音及旅游保健等多种使命。同时，森林还是农牧业稳产高产的重要条件。森林灾害给人们的生命和财产安全造成了巨大威胁，并对社会经济发展产生深远的不良影响。防治森林灾害，已成为世界各国保障社会安定和经济发展的重要任务。有哪些森林灾害？如何预防森林灾害？

# 1.什么是森林火灾?

安全故事会

　　1988年5月6日，我国大兴安岭地区漠河县境内发生5起林火，由于当地没有集中全力及时组织扑灭，7日傍晚，刮起8级以上的西风，火势迅速蔓延，很快烧进西林吉林业局所在地。参加扑火的军民共5.8万人，其中解放军3.8万人，森林警察、消防警察和专业扑火队2100多人，当地群众、林业职工近2万人。出动汽车1600多辆，飞机96架，风力灭火机3600多台，干粉灭火弹16万枚，干粉灭火剂102吨，人工降雨飞机4架，用干冰1000公斤，碘化银炮弹4000发，降雨面积2万平方公里。化学灭火飞机用化学灭火药剂82吨，还调用各种手工工具34512件，空运机降灭火人员2400多人。直到6月2日大火才被扑灭，共计燃烧了28天。大火波及漠河县的西林吉、阿木尔、图强三个林业局和古莲、河湾、依林、育英、奋斗、长樱等林场，塔河县的马林、盘中等林场。

安全博士讲堂

　　森林火灾，是指失去人为控制，在林地内自由蔓延和扩展，对森林、森林生态系统和人类带来一定危害和损失的林火行为。森林火灾是一种突发性强、破坏性大、处置救助较为困难的自然灾害。从广义上讲，凡是失去人为控制，在林地内自由蔓延和扩展，对森林、森林生态系统和人类带来一定危害和损失的林火行为都称为森林火灾。从狭义上讲，森林火灾是一种突发性强、破坏性大、处置救助较为困难的自然灾害。

小贴士

森林防火工作是我国防灾、减灾工作的重要组成部分，是国家公共应急体系建设的重要内容，是社会稳定和人民安居乐业的重要保障，是加快林业发展、加强生态建设的基础和前提，事关森林资源和生态安全，事关人民群众生命财产安全，事关改革发展稳定的大局。简单地说，森林防火就是防止森林火灾的发生和蔓延，即对森林火灾进行预防和扑救。预防森林火灾的发生，需要了解森林火灾发生的规律，采取行政、法律、经济相结合的办法，运用科学技术手段，最大限度地减少火灾发生次数。扑救森林火灾，就是要了解森林火灾燃烧的规律，建立严密的应急机制和强有力的指挥系统，组织训练有素的扑火队伍，运用有效、科学的方法和先进的扑火设备及时进行扑救，最大限度地减少火灾损失。

# 2.森林火灾有什么危害？

安全故事会

1987年黑龙江省大兴安岭"5·6"特大森林火灾，是新中国成立以来烧林面积最大、伤亡最惨、损失最重的一次。过火面积101万公顷，其中有林面积70万公顷，烧毁贮木场存材85万立方米。烧毁各种设备2484台，其中汽车、拖拉机等大型设备617台。烧毁桥涵67座，铁路专用线9.2公里，通信线路543公里，输变电线路284公里，烧毁粮食325万斤，烧毁房屋61.4万平方米，其中民房40万平方米。受灾群众10807户，56092人。烧死193人，伤226人。上述几项损失达5亿多元，且不包含扑火所用人力、物力、财力的耗费以及停工、停产的损失和森林资源的损失。至于火灾给生态环境带来的影响，更是无法用金钱能够计算出来的。

### 安全博士讲堂

自1950年以来，我国年均发生森林火灾13067起，受害森林面积653019公顷，因灾伤亡580人。其中1988年以前，全国年均发生森林火灾15932起，受害森林面积947238公顷，因灾伤亡788人（其中受伤678人，死亡110人）。1988年以后，全国年均发生森林火灾7623起，受害森林面积94002公顷，因灾伤亡196人（其中受伤142人，死亡54人），分别下降52.2%、90.1%和75.3%。

森林火灾不仅烧死、烧伤林木，直接减少森林面积，而且严重破坏森林结构和森林环境，导致森林生态系统失去平衡，森林生物量下降，生产力减弱，益兽、益鸟减少，甚至造成人畜伤亡。高强度的大火，能破坏土壤的化学、物理性质，降低土壤的保水性和渗透性，使某些林地和低洼地的地下水位上升，引起沼泽化；另外，由于土壤表面炭化增温，还会加速火烧迹地干燥，导致阳性杂草丛生，不利森林更新或造成耐极端生态条件的低价值森林更替。

小贴士

森林火灾位居破坏森林的三大自然灾害（病害、虫害、火灾）之首，它不仅给人类的经济建设造成巨大损失，破坏生态环境，而且还会威胁到人民生命财产安全。因此，森林防火是保护自然资源、保护生态环境、发展林业以及维护林区社会安定的需要。

# 3.森林火灾发生的原因有哪些?

### 安全故事会

2月8日8点多，安州街道岭下张村村民张坦伟独自一人到大湾山场自家山上挖杨梅孔，并将山上柴草堆在杨梅孔内燃烧，不料到下午2点左右，张坦伟发现杨梅孔四周的柴草被引燃了，由于天气干燥，小火迅速往山上蔓延变成大火，从而引发了大湾山山场大片山林烧毁。

### 安全博士讲堂

森林火灾原因可以分为自然原因和人为原因两类。在自然原因中，有雷电触及林木引起树冠燃烧和在干旱季节，由于阳光的辐射强烈，使林地腐殖质层或泥炭层发生高热自燃。这类性质的森林火灾是少数的，而最普遍、最大量的森林火灾，是由人为引起的。人为原因中又有生产性和非生产性火源之分。生产性火源如烧灰积肥、烧田埂草、炼山整地、烧垦烧荒、烧牧场以及烧炭等用火不慎引起的。这种生产性火源引起的森林火灾占70%以上。非生产性火源如烧山驱兽，在林中烧火取暖、煮饭、小孩玩火、夜间行路用火把照明、上坟烧纸、乱丢烟头以及故意纵火烧山等。

# 4.什么是森林火险等级?

根据森林火灾发生的气象规律，人们总结出了一套预报方法，并界定五个等级，等级愈高表示发生火灾的可能性愈大。各等级意义如下：

1级为低火险。颜色为绿色。可燃性：不燃烧，无火险。防火措施：一般不会发生火灾，可以安心生产。

2级为较低火险。颜色为蓝色。可燃性：难燃烧，低度火险。防火措施：很少发生火灾，茂密森林注意防火。

3级为中等火险。危险程度为中，用黄色表示。可燃性：可燃烧，中度火险。防火措施：危险程度中等，限制火种进入森林，生产用火应注意采取安全措施，禁止其他野外用火。

4级为高火险。危险程度高，用橙色表示。可燃性：易燃烧，高度火险。防火措施：高度危险，禁止火种进入森林，巡山检查，作好防火准备，准备灭火。

5级为极高火险。危险程度极高，用红色表示。可燃性：强燃烧；极度火险。防火措施：最危险，严禁一切火种进入森林，加强巡山检查，作好充分防火准备，灭火队伍随时准备灭火。

多年来，每逢冬春防火期，气象部门每天定时向森林防火指挥部门提供各林区的森林火险等级预报系统，为及时组织防火减灾提供了科学依据，收到了良好效果。

第十二章

# 5.什么是森林防火？

2009年2月12日14时左右，四川省泸州市叙永县白腊乡、赤水镇、后山镇、观兴乡、麻城乡、水潦乡和古蔺县德耀镇、马嘶乡、箭竹乡九个乡镇相继发生森林火灾。13日4时30分左右，大火被全部扑灭，火情附近群众及扑火人员等均未出现伤亡情况。泸州市应急办表示，此次森林火灾叙永县的过火面积为1150亩，古蔺县过火面积还在核查中。初步分析，此次森林火灾是农民野外用火造成的。叙永县两名生产用火（烧草木灰做农肥）涉嫌人已被公安机关控制。当地正在组织清理明火，防止死灰复燃。

安全博士讲堂

森林防火工作是我国防灾减灾工作的重要组成部分，是国家公共应急体系建设的重要内容，是社会稳定和人民安居乐业的重要保障，是加快林业发展，加强生态建设的基础和前提，事关森林资源和生态安全，事关人民群众生命财产安全，事关改革发展稳定的大局。简单地说，森林防火就是防止森林火灾的发生和蔓延，即对森林火灾进行预防和扑救。预防森林火灾的发生，就要了解森林火灾发生的规律，采取行政、法律、经济相结合的办法，运用科学技术手段，最大限度地减少火灾发生次数。扑救森林火灾，就是要了解森林火灾燃烧的规律，建立严密的应急机制和强有力的指挥系统，组织训练有素的扑火队伍，运用有效、科学的方法和先进的扑火设备及时进行扑救，最大限度地减少火灾损失。

 小贴士

森林扑火要坚持"打早、打小、打了"的基本原则。1988年
1月16日国务院发布的《森林防火条例》规定：森林防火工作实
行"预防为主，积极消灭"的方针。森林防火工作实行各级人民
政府行政领导负责制。林区各单位都要在当地人民政府领导下，
实行部门和单位领导负责制。预防和扑救森林火灾，保护森林资
源，是每个公民应尽的义务。新的《森林防火条例》已经于2008
年11月19日国务院第36次常务会议修订通过，自2009年1月1日起
执行。

扩展阅读

因吸烟点火乱扔未熄灭的烟头，造成火灾的案例屡见报端，最典型的
莫过于1987年5月大兴安岭森林火灾。此次大火共造成69.13亿元的惨重损

失。事后查明，这次特大森林火灾，最初的五个起火点中，有四处是人为引起，其中两处起火点是三名"烟民"烟头引燃的。我们未成年学生到森林等野外游玩的时候，不但自己不要吸烟和带明火，而且如果发现有人乱扔烟头，要主动上前制止。

# 6.扑救森林火灾的方法有哪些？

安全故事会

2007 年 3 月 30 日上午，森林防火演练现场一面山坡的杂草丛中冒出了滚滚浓烟。昌平区森林防火指挥部接到火情报告后迅速启动森林火灾扑救应急预案，调集专业森林消防队伍赶赴火场进行扑救。经市森林防火应急指挥部总指挥副市长牛有成同意后，

市应急办启动《北京市森林火灾扑救应急预案》二级响应。市森林消防直属大队、武警警种指挥学院等扑火队伍奔赴火场，同时直升飞机将部分队员空降到灭火一线，执行灭火作业。在历时 1 小时 10 分钟后林火被全部扑灭，演习取得圆满成功。森林火灾扑救

实践演习共出动 15 支消防中队约 500 名消防队员和 2 架直升飞机。

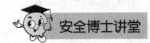
安全博士讲堂

按扑救时采取的手段，森林火灾扑救可分为直接灭火法、间接灭火法、航空灭火和人工降雨灭火。

直接灭火法：适用于弱度、中强度的地表火。包括：①扑打。用树枝、湿麻袋片或胶皮条绑在木棍上，沿火界边缘斜向火焰成45°角直接扑打灭火。扑打应一打一拖，直上直下会助长火势。②覆土。在枯枝落叶层厚、森林可燃物多而杂乱的火场，可用此法。③以水灭火。是最普通、方便、廉价、效果又好的灭火方法。水有很大的热容量，温度每升高1℃，1千克水可吸收约4190焦热量；在蒸发时可吸收约2220千焦的汽化热量，因此具有很强的冷却作用。当水受热汽化时，每升水能变为1500～1700升的水蒸气，又能稀释进入燃烧区空气中的氧气浓度。此外，用压力喷出的水柱还能冲击着火的枯枝落叶，使其与泥土混合，起到灭火作用。④化学灭火。短效化学灭火剂是在水中加入润湿剂如肥皂等，以降低水的表面张力，使之在可燃物表面迅速铺开，并渗入可燃物内部；或者加入增稠剂如膨润土、藻朊酸钠等，使可燃物表面粘附一层较厚的液层，以较长时间保持潮湿状态，当水分蒸发后便失去灭火能力。长效化学灭火剂是在水中加入耐火磷酸铵或硫酸铵等化学药剂，可延缓或扑灭有焰燃烧和无焰燃烧。当水分完全蒸发后，这些药剂仍然有效。⑤风力灭火。由发动机带动风机产生强大风力，起到降温和切断火源的作用而达到灭火目的，适用于低强度的沟塘火和地表火。

间接灭火法：适用于高强度的地表火、树冠火和地下火。常用的有：①隔离带法。在火场前方或周围开设防火线、防火沟等，以阻截火的蔓延。防火隔离带的设置应尽量与天然和人工屏障相结合。②以火灭火法。有火烧法和迎面火法。火烧法即利用原有道路、河沟等自然屏障作为控制线，在控制线与火场之间点火，使火逆风烧向火场，两火相遇使火熄灭。但点火后必须将顺风烧向控制线的一侧火扑灭。此法一般在沟塘、缓坡、草厚的地区或风口处，当隔离带不能起到有效隔火作用，同时又不能对隔离带进行加宽时采用。迎面灭火法多在大火逼近或遇到猛烈树冠火，用人力难以扑灭，又来不及开出防火隔离带的情况下采用。一般利用道路、河沟作为控制线，依靠有利的地形条件，在反气旋（产生逆风）形成后在火头前方点火。由于受反气旋作用，点燃的火就会被拉向火头方向迅速蔓延，两个火头相遇使火熄灭。点火的距离一般为火墙宽度（即火烽向前蔓延燃烧的宽度）的20倍左右。

航空灭火：适用于交通不便的偏远的原始林区或次生林区。可由飞机在火场附近空降消防人员，迅速组织群众一起扑火，也可用直升飞机运送地面扑火人员到火场扑火，灭火后迅速返回基地。此外还可利用飞机喷洒灭火剂形成的隔离带阻截沟塘火、灌木火和草原火。对小火或刚起不久的火灾，可直接喷洒灭火剂灭火。

人工降雨灭火：在森林火灾危险季节，经常会出现降雨的天气条件，但因未能达到临界点而不能下雨。用飞机或火箭在云层中撒布少量促进冰晶作用的成核剂（如干冰、碘化银、硫化铜、尿素和四聚乙醛等），可促成降雨而灭火。

小贴士

　　由于森林火灾的发生须以可燃物、氧气（助燃物）和火源的存在为条件，采取的扑救措施应能隔离可燃物，或减少可燃物的蒸汽量使其低于着火下限；隔离空气，或使空气中氧的含量低于14%～18%；还应使可燃物的温度降到燃点以下。按此原理，可将各种森林火灾扑救方法概括为：①窒息法。如覆土、喷洒灭火剂和扑打等，可隔离燃烧所需的空气，达到灭火目的。适用于火灾发生初期。②冷却法。即在着火可燃物上覆盖湿土或洒水等，使着火可燃物的温度降到燃点以下而灭火。③隔离可燃物。如开设防火线，将已燃可燃物与未燃可燃物彻底分离；在可燃物表面喷洒化学阻滞剂，或大量浇水形成阻燃带，使其难燃或不燃。

# 7.遇到森林火灾时如何自救？

安全博士讲堂

在森林中一旦遭遇火灾，应当保持镇静，就地取材，尽力作好自我防护，可以采取以下防护措施和逃生技能，以求安全迅速逃生：

（1）森林火灾中对人身造成的伤害主要来自高温、浓烟和一氧化碳，容易造成热烤中暑、烧伤、窒息或中毒，尤其是一氧化碳具有潜伏性，会降低人的精神敏锐性，中毒后不容易被察觉。因此，一旦发现自己身处森林着火区域，应当使用沾湿的毛巾遮住口鼻，附近有水的话最好把身上的衣服浸湿，这样就多了一层保护。然后要判明火势大小、火苗延烧的方向，应当逆风逃生，切不可顺风逃生。

（2）在森林中遭遇火灾一定要密切关注风向的变化，因为这说明大火的蔓延方向，这也决定了你逃生的方向是否正确。实践表明，现场刮起5级以上的大风，火灾就会失控。如果突然感觉到无风的时候更不能麻痹大意，这时往往意味着风向将会发生变化或者逆转，一旦逃避不对或不及，容易造成伤亡。

（3）当烟尘袭来时，用湿毛巾或衣服捂住口鼻迅速躲避。躲避不及时，应选在附近没有可燃物的平地卧地避烟。切不可选择低洼地或坑、洞，因为低洼地和坑、洞容易沉积烟尘。

（4）如果被大火包围在半山腰时，要快速向山下跑，切忌往山上跑，通常火势向上蔓延的速度要比人跑得快得多，火头会跑到你的前面。

（5）大火扑来的时候，如果你处在下风向，要作决死的拼搏，果断地迎风突破包围圈，切忌顺风撤离。如果时间允许可以主动点火烧掉周围的可燃物，当烧出一片空地后，迅速进入空地卧倒避烟。

（6）顺利地脱离火灾现场之后，还要注意在灾害现场附近休息的时候防止蚊虫或者蛇、野兽、毒蜂的侵袭。集体或者结伴出游的朋友应当相互查看一下大家是否都在，如果有掉队的应当及时向当地灭火救灾人员求援。

小贴士

　　到大自然中去享受绿色的同时，千万不要忘了大自然也有发脾气的时候。无灾时想着有灾时，掌握一定的自救常识和基本技能，会让旅程有惊无险。乘车路经山区或林区的时候一定不要向车外扔烟头，一定要遵守禁止使用明火的有关规定。

扩展阅读

森林火灾的危险地带：

　　（1）沟谷地带。沟谷地带山火，一是火灾产生的飞火容易引燃附近山场，包围人员。二是火灾燃烧时耗费大量的氧气，使谷底空气含氧量下降，使人窒息而死。

　　（2）峡谷地带。当风沿着山谷长度的方向吹，而峡谷的长度宽度各处又不同时，在狭窄处风速则增加，称为峡谷风，也叫峡谷效应。火在峡谷处燃烧，火的速度极快，因此，在峡谷地带十分危险。

　　（3）支沟地带。如果火灾山场的主沟在燃烧，遇到了支沟，火就会分流。而支沟在燃烧，却不容易向主沟方向发展，因此，如果主山沟发生了火灾，人员从支山沟向主山沟运动很不安全。

　　（4）鞍形场地带。当风越过山脊鞍形场（即两山山脊之间相隔不远，且山谷与山脊的高度相差不大之处），容易形成水平和垂直旋风，容易对人员造成伤害。

　　（5）依次增高的山场。当火的前方有依次增高的山群，火向前方发展迅速，一下子会烧着几个山头，在火前方的山脊修防火线很不安全。

# 第十三章　生物侵害灾害

　　中国是世界上动物种类最多的国家之一，仅脊椎动物就有 6266 种，约占世界脊椎动物种类总数的 10%。中国也是世界上植物资源最为丰富的国家之一，仅高等植物就有 3.2 万余种。北半球寒、温、热各带植被的主要植物，在中国几乎都可以看到。丰富的动植物点缀我们日常生活的同时，也带来了一些安全隐患，对我们的安全造成威胁。有哪些生物灾害？应该采取什么措施来预防？遇到这些生物灾害，我们该怎么办？

# 1.人是怎样感染狂犬病毒的？

安全故事会

　　一天，7岁的清远小男孩罗雄在没有明显的诱因下，忽然觉得右上肢疼痛，逐渐波及背部至全身。1月7日开始反复呕吐，且在遇到水或者被吹到风后特别躁动，有时还会惊跳。三天后，其父母看到儿子精神欠佳，反应也变得迟钝，赶紧把儿子送到南方医院治疗。次日上午在南方医院经抢救无效死亡，医院给出的诊断是"横纹肌溶解症"。致病的罪魁祸首一度被怀疑为小龙虾中毒，但广东省卫生厅组织专家进行会诊后确认：罗雄的脑脊液检验报告中狂犬病毒核酸检测呈现阳性，所以狂犬病才是夺去罗雄生命的元凶，而横纹肌溶解是狂犬病的病理表现之一。后经调查，罗雄生前2个月曾被野猫抓伤出血。

安全博士讲堂

　　狂犬病毒通常通过损伤人的皮肤或黏膜进入人体，在内部繁殖后进入神经系统，并向脊髓、脑部蔓延。人患病后死于急性脑炎、脊髓炎。狂犬病毒还可以通过呼吸道和消化道进入人体，国外还有因吸入蝙蝠聚居洞穴中的空气而感染狂犬病的报告。人主要通过以下方式感染狂犬病毒：

　　（1）通过伤口或皮肤黏膜传染，如被疯动物咬伤、抓伤、宰杀疯动物、剥疯动物皮、接触疯动物污染的物品、肛门黏膜、伤口被狗舔过。有的人被打疯狗用过的木棒上的刺扎伤或被草茎刺伤而感染了狂犬病毒。

　　（2）通过口腔黏膜传染。曾有人因缝补被疯犬咬破的衣服、用牙齿咬线而受感染引起发病死亡。因吃狗肉而感染狂犬病毒引起发病死亡者亦不少见。

（3）通过病人唾液感染。曾有人被病人唾液污染手部伤口而感染了狂犬病；还有因用病人口水及呕吐物污染的手帕擦眼睛和嘴而引起发病的报道。

狂犬病可以通过乳汁传播给婴儿。有人从狂犬病病人或动物（牛、马等）乳汁中查出了狂犬病毒。因此，狂犬病畜或被疯动物咬伤的牛、羊等的鲜乳未经煮沸不能饮用。

# 2.被病犬或可疑动物咬伤后应采取哪些措施？

一日，上海奉贤区四团镇五古村的狄建明家里的一条白狗变得暴躁，挣脱锁链后连续咬伤家中四人：狄建明、朱战仙、姚香翠和狄德林。由于这条白狗是无证家犬，而且没有接种过疫苗，狄建明一家把狗打死以后，将朱战仙和姚香翠送到村里的私人诊所注射了狂犬病疫苗的第一针。此后的一个月，朱战仙和姚香翠陆续打完了5针防疫针。8月12日，没有接种疫苗的狄德林严重发病，被送到南桥中心医院后，医生诊断为疑似狂犬病发病，随后狄德林被紧急送注上海市公共卫生中心。次日后，狄德林不治身亡，死因为狂犬病发作。

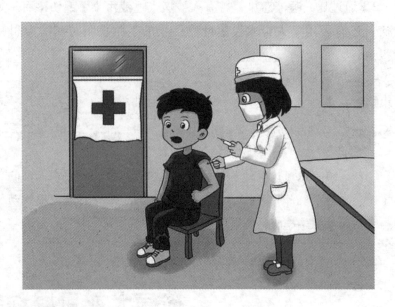

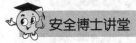
安全博士讲堂

被狂犬咬伤后，要及时采取以下措施：

（1）迅速咨询当地疾病预防控制中心，由专业医师进行伤口处理。

（2）及时对伤口进行清洗消毒，可用20％肥皂水或0.1％新洁尔灭充分洗涤5～10分钟，再用清水彻底冲洗。较深伤口冲洗时，用注射器深入伤口深部进行灌注清洗，做到全面彻底。再用75％酒精消毒，继之用3％～5％碘酒涂搽。伤口不宜包扎、缝合，伤口应尽可能暴露。

（3）较深或面积较大伤口应适当清创。局部伤口处理愈早愈好，即使延迟1～2天甚至3～4天也不应忽视局部处理，此时如果伤口已结痂，也应将结痂去掉后按上法处理。

（4）伤口一般不缝合、包扎，开放性伤口应尽可能暴露。如果伤口必须包扎缝合（如侵入大血管），应稀疏缝合，以利引流。伤口表面不使用外用药，如伤口有感染可能时，应作预防破伤风和抗感染治疗。

（5）正常人被疯动物或可疑动物咬伤后，注射狂犬疫苗是最重要的预防措施。注射的时间越早越好，并要进行全程免疫。

（6）被严重咬伤者伤口周围及底部须注射抗狂犬病血清，或使用狂犬病免疫球蛋白。

被动物咬伤后千万不能麻痹大意。有时虽看不到有皮肤损伤，实际上细小的牙印就意味着肉眼难以察觉到的皮肤损伤。在这种情况下，狂犬病毒就有可能顺着牙印侵入人体。因此，应立即脱掉衣服进行消毒处理，皮肤要用肥皂水彻底清洗，涂搽酒精，还要全程注射人用狂犬病疫苗。注射狂犬疫苗后应注意休息，避免劳累或参加激烈的体育运动；还应忌酒、浓茶等刺激性较强的饮料或食物。激素、环磷酰胺等免疫制剂和氯喹等药物，可能会降低狂犬病疫苗的预防效果，应尽量避免同时使用。

# 3.发现马蜂窝怎么办？

南京市一家会所里有个脸盆大小的马蜂窝，上面爬满了子弹头般的马蜂，让人看了直起鸡皮疙瘩。小区居民商量了半天，没人敢捅。最后会所只好出资250元，请来了一家专业的灭虫害公司里有十年"捅龄"的专业消杀人员李师傅。李师傅在头上罩个纱质的防护网，拿起金属长杆捅马蜂窝。受惊的马蜂如雨点般俯冲过来，扑在他身上。李师傅架不住马蜂一通猛蜇，痛得浑身哆嗦，颤抖不止，扔下金属长杆，急匆匆爬下楼，从随身带的包里摸出蛇药塞进嘴里，然后跌跌撞撞地跑到路边，拦了辆出租车直奔医院。经过治疗，李师傅脱离了生命危险。

马蜂又称为"胡蜂"、"蚂蜂"或"黄蜂"，是一种分布广泛、种类繁多、飞翔迅速的昆虫，属膜翅目之胡蜂科，雌蜂身上有一根有力的长螫针，在遇到攻击或不友善干扰时，会群起攻击，可以致人出现过敏反应和毒性反应，严重者可导致死亡。马蜂通常用浸软的似纸浆般的木浆造巢，食取动物性或植物性食物。全世界约有1.5万种，已知5000种以上，中国记载200种。

遭遇马蜂群攻击时，最好的自救策略是采用三十六计中的"走为上策"。要顺风跑，往山下跑，因为逆风会把人体中的气味往后传送，有利于蜂群追踪。逃跑时，若有多余的衣物，可先将其高举在头顶上挥舞，以吸引蜂群，然后将衣物扔向与逃跑方向不同的其他方向，以便诱导蜂群离开；有时逃跑时突然蹲下或转弯，也是一种甩脱蜂群的好办法。

去除马蜂窝最好请专业人士进行。需要强调的是：①一定要在夜间操作。②一定要先予熏杀，具体方法可以因地制宜选用，可用火烧，也可以喷杀虫药。火烧、喷药要特别注意安全。③操作要快。最后一定要彻底烧毁、消灭。④操作人员要戴面罩，以防万一。⑤切割工具，宜带有长柄，以保证操作人员能够远离被捅的马蜂窝。⑥清除时，其他人员也要远离现场，不要就近围观，以免被蜇伤。

黄蜂成虫、幼虫和蜂巢可入中药，或内服，或外敷，可治毒虫蜇伤等

症。黄蜂能捕食蜜蜂、柞蚕等，在果园地区，常咬食果实造成减产。蜂毒毒性很大，受伤者非常疼痛，严重时可造成伤残或死亡。但是，胡蜂一般不主动攻击人畜。除在养蜂、养蚕地区和果园附近外，胡蜂实为一类消灭害虫的天敌昆虫，人们应该保护它。

# 4.被蜂类蜇伤了怎么办?

一天上午，市区青年南路发生一起马蜂蜇人事件。一位42岁的建筑工地厨师刘某在开车去市场买菜途中，突然被从车窗外飞进一只拇指长的马蜂蜇中左腿膝盖，正在开车的刘某当时并未感觉有不适反应。约15分钟后刘某返回工地，刘某刚要准备卸菜，突感呼吸困难，接着眼前一黑，两眼上翻、口吐白沫，昏倒在车旁，工友见状立即将其送注烟台中法友谊医院进行抢救。医护人员紧急为其进行升压解毒等一系列抢救措施，刘某才脱离生命危险。

**安全博士讲堂**

蜂毒主要含有蚁酸、神经毒和组胺。人被蜇伤后，主要是局部剧痛、灼热、红肿或水疱形成。被群蜂或毒力较大的黄蜂蜇伤后，症状较重，可出现头晕、头痛、恶寒、发热、烦躁、痉挛及晕厥等。少数可出现喉头水肿、气喘、呕吐、腹痛、心率增快、血压下降、休克和昏迷。被蜂蜇伤后，可采取以下方法急救：

（1）立即在被蜇局部寻找到蜂针并拔除，然后再拔火罐吸出毒汁，减少毒素的吸收。

（2）局部用3%氨水、5%碳酸氢钠溶液或肥皂水洗净。对黄蜂蜇伤

则不用上药而局部涂以醋酸或食醋。

（3）可在伤口周围涂南通蛇药或在下列草药中任选一种捣烂外敷，如紫花地丁、半边莲、七叶一枝花、蒲公英等。

（4）有神志障碍、呼吸困难或血尿的重症病人，应尽快送医院治疗。

夏天是被蜂类蜇伤的高发季节。首先要注意预防，离草丛和灌木丛远些，因为那里往往是蜂类的家园。发现蜂巢应绕行，一定不要作出过于"亲近"的表现。最好穿戴浅色光滑的衣物，因为蜂类的视觉系统对深色物体在浅色背景下的移动非常敏感。如果有人误惹了蜂群，而招致攻击，唯一的办法是用衣物保护好自己的头颈，反向逃跑或原地趴下。千万不要试图反击，否则只会招致更多的攻击。

**扩展阅读**

　　蜂常见的有蜜蜂和黄蜂。雌蜜蜂的尾部有毒腺及蜇针。蜜针本为产卵器的变形物，可由它注毒液到人体。雌蜜蜂的毒刺上尚有逆钩，刺入人体后，部分残留于伤口内。黄蜂的刺则不留于伤口内，但黄蜂较蜜蜂蜇伤严重。

# 5.被毒蜘蛛蜇伤了怎么办？

**安全故事会**

　　一天上午，在长沙某民族艺术幼儿园教室上课的3岁女孩小沁，突然发现了一只正在窗帘上缓缓爬行的黄色大蜘蛛，好动的小沁伸出左手一抓，结果被蜘蛛蜇了一下，剧痛使小沁哇哇大哭起来。老师赶紧上前察看，没有发现什么异样，在伤口处涂抹了一点药膏。临近下午放学时，小沁还在哭闹不停，而她的左手已肿得如一团肉球，伤口处变得乌青。其家人在辗转3家医院后，将小沁送到湘雅医院急诊科。

**安全博士讲堂**

　　被毒蜘蛛蜇伤后，除局部剧痛外，伤处可看到有两个小红点，伤员可出现面色青紫、出大汗、呼吸困难、脉搏慢等症状，严重者会引起全身反应，如软弱无力、发热、头痛、痉挛、呼吸困难、昏迷、休克等，如抢救不及时，会导致患者毒发身亡。如伤口在肢端，立即用带结扎近心侧，每隔20分钟放松1分钟，局部用1:5000高锰酸钾溶液洗净，伤口常规消毒后做十字形切口，用火罐抽吸毒液，再用石炭酸烧灼才能放松结扎带。伤口周围敷以溶化的蛇药片，如蜇伤严重者要口服蛇药片。

小贴士

被毒蜘蛛蜇伤无法及时就医时可作如下应急处理：取大号缝衣针、三棱针等，在用火烧或用酒精、白酒消毒后，再用酒精消毒被咬伤处皮肤，然后，针刺被蜇伤处周围皮肤，并边刺边用力向外挤出毒汁，或用拔火罐或吸奶器将毒汁吸出。

# 6.被蝎子蜇伤怎么办？

### 安全故事会

一天上午，一对夫妇正在青岛李村一路边卖蝎子。一名要买蝎子的女顾客没有站好，一脚踩到了一个装有一百多只蝎子的塑料盆的盆沿上，弄翻了塑料盆，蝎子撒了一地，到处乱爬。女摊主情急之下用手去抓，结果被蝎子给蜇到右手了，没几分钟就站不住了。女摊主被蜇伤后很快陷入了昏迷，进入休克状态，血压非常低。急诊室医生检查后发现，女主的喉部已经呈现出严重水肿，浑身布满了红色的疹子。在医护人员的紧急救治后，当天下午，女摊主恢复了意识，并在丈夫的护送下离开了医院。

### 安全博士讲堂

蝎子的尾端有一根与毒腺相通的钩形毒刺，蜇人时毒液由此进入伤口。蝎毒内含毒性蛋白，主要有神经毒素、溶血毒素、出血毒素及使心脏和血管收缩的毒素等。被蝎子蜇伤处常发生大片红肿、剧痛，轻者几天后症状消失，重者可出现寒战、发热、恶心呕吐、肌肉强直、流涎、头痛、头晕、昏睡、盗汗、呼吸增快等，甚至抽搐及内脏出血、水肿等病变。儿童被蜇后，严重者可因呼吸、循环衰竭而死亡。

**小贴士**

当被蝎子蜇伤后，应立即用手帕、布带或绳子在伤口的上方3～5厘米（近心端）处扎紧，同时拔出毒钩，并用挤压、吸吮等方法，尽量使含有毒素的血液由伤口挤出，必要时请医生切开伤口吸取毒液，以防被蝎毒污染的血液流入心脏，并用双手在伤口周围用力挤压伤口，直到挤出血水；而后应在局部涂上些浓肥皂水或碱水。用3%氨水、5%苏打水或者0.5%的高锰酸钾洗涤伤口，或将明矾研碎用醋调成糊状涂在伤口上。可用"南通蛇药片"以凉水调成糊状，在距伤口2厘米处环敷一圈（药不要进入伤口）。伤口妥善处理后即可将绑扎带松开；根据情况，可预防性应用一些抗生素，中毒严重者及儿童，应立即送医院救治。

**扩展阅读**

伤口周围可涂擦南通蛇药，也可采用以下偏方、土方：

（1）明矾研碎，用米醋调成糊状，涂在伤口上。

（2）雄黄、枯矾各半，研末，涂擦伤处。

（3）大蜗牛1只，连壳捣烂，外敷于伤处。

（4）番薯嫩苗1把，加红糖少许，共捣烂，敷于伤口。

（5）生烂山药（烂而有水者佳）适量，捣烂挤汁，涂于患处。

（6）新鲜瓦松洗净去根，捣烂取汁。将蜇伤处洗净后用消毒三棱针刺破，挤去毒液后用瓦松汁涂患处，1天数次，至不痛或痊愈时为止。

（7）将大青叶、薄荷叶、马齿苋、鲜芋芳等捣烂，外敷伤口，均可起解毒、消肿、止痛作用。

# 7.被毒蛇咬伤了怎么办?

安全故事会

一天上午，老吴和其他几名工人正在烟台市芝罘区黄务附近的山丘上整修道路。正当工友们挥动着镐头挖掘路基时，只听老吴一声惨叫，大伙儿转头一瞧，见一条约一米长的大蛇快速扎进了路边草地。在老吴的右腿外侧，多了一道2厘米长的口子，鲜血不断注外渗出，他也昏厥在地。见状，工友们火速拨打了120急救电话，将老吴送至就近的烟台山医院南院接受治疗。然而，老吴伤势严重，已呈休克状态，遂被紧急转注烟台山医院总院急诊中心进行抢救。

安全博士讲堂

蛇毒的主要成分有神经毒、血循毒和酶，各种成分的多少或有无，因蛇种而异。神经毒（风毒）主要是阻断神经肌肉的接头引起弛缓性麻痹，终致周围性呼吸衰竭，引起缺氧性脑病、肺部感染和循环衰竭。若不及时抢救则导致死亡。血循毒（火毒）主要是对心血管和血液系统产生多方面的毒性作用。酶蛇毒含有多种酶，使蛇毒的致病机理更为复杂，其毒性较大的主要有以下几种：蛋白质水解酶、磷脂酶A和透明质酸酶等。毒蛇咬伤人后，蛇毒在人体内迅速打散，短期内可危及生命。因此，必须及时采取有效的抢救措施，阻止蛇毒扩散，然后立刻送往医院治疗。

小贴士

咬伤后最先采取的急救措施是应立即就地取材，于伤口近端缚扎，以阻止静脉血回流但不影响动脉血流为原则，目的在于阻止蛇毒的吸收和扩散。缚扎时间可持续8～10小时，每隔15～30分钟放松1～2分钟，一般在伤口排毒和服药后1～3小时解除缚扎。咬伤超过12小时后不宜缚扎。

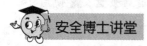

扩展阅读

我国蛇类有160余种，其中毒蛇约有50余种，有剧毒、危害巨大的有10种，如大眼镜蛇、金环蛇、眼镜蛇、五步蛇、银环蛇、蝰蛇、蝮蛇、竹叶青、烙铁头、海蛇等，咬伤后能置人于死亡。这些毒蛇夏秋季节在南方森林、山区、草地中常常出现，当人在割草、砍柴、采野果、拔菜、散步、军训时易被毒蛇咬伤。

# 8.被蚂蟥叮咬了怎么办?

安全博士讲堂

如果被蚂蟥叮咬，可以在蚂蟥叮咬部位的上方轻轻拍打或用手在蚂蟥吸附的周围轻轻揪几下，使蚂蟥松开吸盘而掉落。也可以用清凉油、烟水（就是浸有香烟的水）、食盐（食盐在户外活动中是极其重要的，无论去哪里最好随身带上一小包）、浓醋、酒精（或白酒）、辣椒粉、石灰等滴撒在虫体上，使其放松吸盘而自行脱落。

蚂蟥掉落后，若伤口流血不止（基本上如此），用干净手指或纱布按住伤口，1～2分钟后出血可停止，然后在出血点处涂紫药水（又称龙胆紫液）或碘酒（这个也是户外用品中的宝物，功能强大），也可以用纱布包扎患处，注意勿让伤口着水，以免引起感染。若再出血，可往伤口上撒一些云南白药或止血粉。蚂蟥掉落后，若伤口没出血，可用力将伤口内的污血挤出，用小苏打水或清水冲洗干净，再涂以碘酒或酒精、红汞消毒。

千万不要硬性将蚂蟥拔掉，因为越拉蚂蟥的吸盘吸得越紧，这样，一旦蚂蟥被拉断，其吸盘就会留在伤口内，容易引起感染、溃烂。

若蚂蟥钻入鼻腔可用蜂蜜滴鼻使之脱落。若不脱落，可取一盆清水，伤员闭嘴，将鼻孔侵入水中，不断搅动盆中之水，蚂蟥可被诱出。

蚂蟥的运动可以分为游泳、尺蠖式运动和蠕动三种方式。游泳时背腹肌收缩、环肌放松，身体平铺如一片柳叶，波浪式向前运动。后两种运动方式通常为水蚂蟥离开水体时及旱蚂蟥所采用，都是前后吸盘交替使用。先用前吸盘固定，后吸盘松开，如此交替前进，行进速度较快。蠕动与尺蠖式运动的区别在于蠕动使身体平铺于物体上，当前吸盘固定时，后吸盘松开，身体又沿着平面向前方伸展。这种运动方式较慢，但可穿行于土壤中，或从人的衣袜与皮肤之间的空隙穿进去吸血。

# 9.如何预防河豚鱼中毒？

沈某在大丰市某江鲜馆食用河豚鱼后不久，感觉嘴唇发麻，随即到大丰市人民医院就诊，后转至盐城市第一人民医院抢救。经抢救治疗，沈某脱离了生命危险。

### 安全博士讲堂

河豚鱼又名鲀鱼、气泡鱼，肉质细嫩，味道十分鲜美，营养丰富，为群众所喜爱。民间曾有"拼死吃河豚"、"吃了河豚，百味无鲜"之说，在日本是"舍命吃河豚"。但是河豚鱼中含有两种毒性极强的物质，即河豚毒素和河豚酸，这两种物质主要集中在卵巢、肝脏，其次是皮肤、血液、眼、腮，有的鱼肉中也含有该物质。其化学性质稳定，能耐酸、耐高温，不耐碱，一般烹饪方法无法将其破坏。一旦进入人体，会严重损害人体神经系统，死亡率极高。

河豚毒素进入人体后，发病过程相当迅速，快者十几分钟，慢者不过3小时就会有明显症状。开始腹部不适，口、唇、舌尖、指端麻木，眼睑下垂，四肢乏力，继而四肢麻痹，呕吐、腹泻、血压下降、昏迷，最后因呼吸麻痹而死亡。死亡率相当高，死亡通常发生在发病后4～6小时。

### 小贴士

在水产品捕捞季节，鲜河豚容易混入水产品中，由于很多人不会识别，也不知食用方法，而引起中毒。因此，在购买鲜鱼时，如果发现不常见的鱼，应引起注意。

# 10.如何预防鱼类组织胺中毒?

 安全故事会

    19岁的小冯近来感觉眼睛不大好,恰好又听别人说起一个偏方——吃鱼胆可清火明目。于是,小冯便从某市场上买回一条大青鱼,剖开鱼腹后,将一枚鸡蛋大小的鱼胆生吞了下去。几小时后,他开始出现恶心、头痛等症状,而且不断加重。小冯意识到自己可能是吃生鱼胆中毒了,赶紧在家人的陪伴下前往河北大学附属医院急诊科就诊。经紧急洗胃,小冯的症状仍然没有缓解,只好转入河大附院血液净化中心治疗。第二天,小冯的病情迅速恶化,处于急性肾衰竭、急性肝损伤、心肌受损的危急状态,连续实施血液透析加灌流治疗才得以缓解。此后,小冯的病情又出现多次反复,但最终转危为安。

安全博士讲堂

    鱼类的胆汁含有组织胺、胆盐及氰化物,毒性很大,能损害人体的肝、肾,使其病变衰竭,也可损伤脑细胞和心肌,造成神经系统和心血管系统的损害。中毒症状较轻者表现为恶心、呕吐、腹痛、腹泻等症状,严重者会出现肝大、黄疸、肝区压痛、少尿或无尿、肾区叩痛等症状,如果抢救不及时,可造成肝肾衰竭直至死亡。患者中毒程度一般与鱼胆的胆汁多少有关,吞食较大鱼的胆更易发生中毒。鱼胆的有毒成分既耐热又不会被酒精破坏,不论生吞、熟食或用酒送服,超过2.5克就可引起中毒。而鱼胆中毒患者的死亡率很高。

小贴士

千万不能以吞食鱼胆来治疗某些疾病。一旦误食鱼胆，要先催吐，然后马上送到具备血液透析能力的医院进行救治。

# 11.水仙有毒吗？

安全故事会

一日，家住德清县的蒋女士把前日丈夫从野外地里摘的水仙花叶当成蒜苗，做了一盘"水仙花叶炒鸡蛋"。晚饭后，蒋女士和10岁的儿子呕吐不止，随后被送往医院急诊。医生迅速对蒋女士母子进行了催吐、利尿、排毒、护肝等治疗。

安全博士讲堂

水仙鳞片、鳞茎当中有一种白色的、透明的、带黏液的液体，有点像鸡蛋清一样，这种毒素叫"拉丁可"，人一旦大量食用以后，会有温和的毒性，产生呕吐、腹痛、昏厥等症状，有时候甚至会有生命危险。除了"拉丁可"之外，水仙的叶和花的汁液也有毒。水仙花茎、叶中的无色透明黏液含有秋水仙素，误食会引起呕吐、腹痛、腹泻等胃肠道反应，严重的会引起昏厥甚至有生命危险；皮肤接触后致红肿、奇痒。如果水仙的汁液不小心进入眼里，还会导致眼部受伤。如果误食后出现水仙中毒的情况以后，应该及时拨打120。在120没来之前，自己可以采取一些补救措施：如喝大量的水来冲淡胃液，用手抠自己的咽部，让自己胃里的液体以及分泌物全部吐出来，这样会减少一些胃部的不适。如果病情严重或者病人是儿童，医生会建议采取静脉滴注或口服药物的方法来减轻恶心、呕吐等病状。

小贴士

　　如果在家用盆种水仙球茎时，要防止水仙的汁液溅入眼口鼻，要及时洗手，以免中毒。如果手上有伤，不要去碰被弄破茎叶的水仙。在给水仙换水时，尽量不要去碰换掉的水。特别要注意的是，水仙最好摆放在小孩和宠物够不到的地方。

扩展阅读

　　很多人非常喜欢种植滴水观音，其实，滴水观音和水仙一样，滴水观音茎内的汁液也是有毒的，一旦它的茎部受到破损，人误碰或者误食了它的汁液，不但会引起咽部和口部的不适，胃里也会有灼痛感。

# 12.含羞草对人体有害吗？

安全故事会

　　家住塘沽的吴女士在花、鸟、鱼、虫市场上买了一盆含羞草，养在家中的阳台上。不久，这株含羞草盛开了紫色的小花，外形十分可爱。下班回家后，吴女士拉着4岁的女儿豆豆的小手，去碰碰含羞草，见到含羞草的叶子自动关闭起来，豆豆高兴得手舞足蹈。可是，随着含羞草越长越茂盛，母女俩却都出现了奇怪的现象。二人开始频繁地掉头发，而且越掉越多，豆豆的眉毛也开始变得十分稀疏。伴随着脱发现象，吴女士还出现了皮肤瘙痒的症状。吴女士以为自己和女儿都同时患上了奇怪的皮肤病，为此，她带着豆豆一起前往医院就诊。经医生诊断，吴女士与豆豆出现的症状是因为长期接触含羞草而出现的"中毒"现象。

 安全博士讲堂

含羞草为豆科多年生草本或亚灌木，作为观赏花卉，含羞草全株有毒，一般白天不会对人构成毒害。但在夜间，由于不能进行光合作用，它会释放有毒物，并且草中含有的含羞草碱质，对人体有害，用手经常触碰不仅会引起眉毛稀疏、毛发变黄，也易导致毛发脱落。

 小贴士

在选择家养花卉时，一定要了解其相关毒性知识，不要随意栽养。对于具有一定毒性的植物，未成年学生平时更不要随便触碰，以免对身体造成伤害。

# 13.如何预防鼠疫?

 安全博士讲堂

通过严格控制传染源可以有效预防鼠疫：

（1）发现疑似或确诊患者，应立即按紧急疫情上报，同时将患者严密隔离，禁止探视及病人互相往来。病人排泄物应彻底消毒，病人死亡应火葬或深埋。接触者应检疫9天，对曾接受预防接种者，检疫期应延至12天。

（2）消灭动物传染源。对自然疫源地进行疫情监测，控制鼠间鼠疫。广泛开展灭鼠爱国卫生运动。旱獭在某些地区是重要传染源，也应大力捕杀。

（3）切断传播途径。灭蚤必须彻底，对猫、狗以及家畜等也要喷药；加强交通及国境检疫，对来自疫源地的外国船只、车辆、飞机等均应进行严格的国境卫生检疫，对乘客进行隔离留检。

小贴士

预防鼠疫时应该注意保护易感者。自鼠疫开始流行时，对疫区及其周围的居民、进入疫区的工作人员，均应进行预防接种。进入疫区的人员必须接种菌苗两周后方能进入疫区。工作时必须着防护服，戴口罩、帽子、手套、眼镜，穿胶鞋及隔离衣。